LA TRAGÉDIE

DE

SÉMIRAMIS,

Par M. de VOLTAIRE.

Et quelques autres Piéces de Littérature du
même Auteur qui n'ont point encore paru.

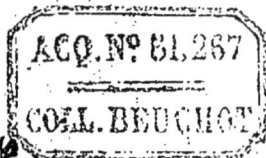

A PARIS,

Chez P. G. LE MERCIER, Imprimeur-Libraire,
ruë St. Jacques, au Livre d'or.
Et chez MICHEL LAMBERT, Libraire.

M. DCC. XLIX.

DISSERTATION

SUR LA TRAGEDIE

ANCIENNE ET MODERNE,

A

SON ÉMINENCE

MONSEIGNEUR

LE CARDINAL QUERINI,

NOBLE VENITIEN, EVÊQUE DE BRESCIA,

BIBLIOTHÉCAIRE DU VATICAN.

Monseigneur,

Il étoit digne d'un génie tel que le vôtre, & d'un homme qui eſt à la tête de la plus an-cienne Bibliothéque du monde, de vous don-

A 2

ner tout entier aux Lettres. On doit voir de tels Princes de l'Eglise sous un Pontife qui a éclairé le monde Chrétien avant de le gouverner. Mais si tous les Lettrés vous doivent de la réconnoissance, je vous en dois plus que personne, après l'honneur que vous m'avez fait de traduire en si beaux vers la Henriade & le Poëme de Fontenoy. Les deux héros vertueux que j'ai célébrés sont devenus les vôtres. Vous avez daigné m'embélir pour rendre encore plus respectables aux nations les noms de Henry IV. & de Louis XV. & pour étendre de plus en plus dans l'Europe le goût des arts.

Parmi les obligations que toutes les nations modernes ont aux Italiens, & surtout aux premiers Pontifes & à leurs ministres, il faut compter la culture des belles-lettres par qui furent adoucies peu à peu les mœurs féroces & grossieres de nos peuples septentrionaux, & auxquelles nous devons aujourdhui notre politesse, nos délices & notre gloire.

C'est sous le grand Leon X. que le Théâtre Grec renâquit ainsi que l'éloquence; la *Sophonisbe* du célébre Prélat Trissino Nonce du Pape est la premiere Tragédie réguliere que l'Europe ait vûë après tant de siécles de barbarie : comme la *Calandra* du Cardinal Bibiena avoit été auparavant la premiere Comédie dans l'Italie moderne. Vous fûtes les premiers qui élevâtes de grands Théâtres, & qui donnâtes au monde quelque idée de cette splendeur de l'ancienne Gréce qui attiroit les nations étrangeres à ses solemnités, & qui fut le modéle des peuples en tous les genres.

Si votre nation n'a pas toûjours égalé les Anciens dans le tragique, ce n'est pas que votre langue harmonieuse, féconde & flexible, ne soit propre à tous les sujets ; mais il y a grande apparence que les progrès que vous avez faits dans la musique, ont nui enfin à ceux de la véritable Tragédie. C'est un talent qui a fait tort à un autre.

Permettez que j'entre avec votre Eminence dans une discution littéraire. Quelques personnes, accoûtumées au stile des Epîtres dédicatoires, s'étonneront que je me borne ici à comparer les usages des Grecs avec les modernes, au lieu de comparer les grands hommes de l'Antiquité avec ceux de votre maison ; mais je parle à un sçavant, à un sage, à celui dont les lumiéres doivent m'éclairer, & dont j'ai l'honneur d'être le confrere dans la plus ancienne Académie de l'Europe, dont les membres s'occupent souvent de semblables récherches ; je parle enfin à celui qui aime mieux me donner des instructions que de recevoir des éloges.

PREMIERE PARTIE.

Des Tragédies Gréques imitées par quelques Opera Italiens & Français.

UN célebre Auteur de votre nation, dit que depuis les beaux jours d'Athénes, la Tragédie errante & abandonnée, cherche de contrée en contrée quelqu'un qui lui donne la main & qui lui rende ses premiers honneurs , mais qu'elle n'a pû le trouver.

S'il entend qu'aucune nation n'a de Théâtres, où des Chœurs occupent prefque toûjours la Scène & chantent des ftrophes, des
épodes & des antiftrophes accompagnées d'une
danfe grave ; qu'aucune nation ne fait paraître fes Acteurs fur des efpêces d'échaffes ,
& ne couvre leur vifage d'un mafque qui ex-
prime la douleur d'un côté & la joye de l'autre ; que la déclamation de nos Tragédies
n'eft point notée & foûtenuë par des fluttes ,
il a fans doute raifon, & je ne fçai fi c'eft à
notre défavantage. J'ignore fi la forme de
nos Tragédies, plus rapprochée de la nature, ne vaut pas celle des Grecs qui avoit un
appareil plus impofant.

Si cet Auteur veut dire qu'en géneral ce grand
Art n'eft pas auffi confidéré depuis la ré-
naiffance des Lettres, qu'il l'étoit autrefois ;
qu'il y a en Europe des nations qui ont quelquefois ufé d'ingratitude envers les fuccef-
feurs des Sophocles & des Euripides, que nos
Théâtres ne font point de ces édifices fuper-
bes dans qui les Athéniens mettoient leur
gloire, que nous ne prenons pas les mêmes
foins qu'eux de ces fpectacles qui font devenus
fi néceffaires dans nos Villes immenfes : on
doit être entiérement de fon opinion. *Et fa-
pit , & mecum facit , & jove judicat æquo.*

Où trouver un fpectacle qui nous donne une
image de la fcène Grecque ? c'eft peut être
dans vos Tragédies, nommées Opera, que
cette image fubfifte. Quoi, me dira-t'on , un
Opera Italien auroit quelque reffemblance
avec le Théâtre d'Athénes ! Oüi. Le récita-

tif Italien eſt préciſément la mélopée des Anciens c'eſt de cette déclamation notée & ſou-
tenuë par des inſtrumens de muſique. Cette
mélopée qui n'eſt ennuyeuſe que dans vos mauvaiſes *Tragédies Opera*, eſt admirable dans
vos bonnes piéces. Les Chœurs que vous y
avez ajoûtés depuis quelques années, & qui
font liés eſſentiellement au ſujet, approchent
d'autant plus des Chœurs des Anciens, qu'ils
ſont exprimés avec une muſique différente du
récitatif, comme la ſtrophe l'épode & l'anti-
ſtrophe étoient chantées chez les Grecs tout
autrement que la mélopée des ſcènes. Ajoûtez à ces reſſemblances que dans pluſieurs
Tragédies Opéra du célebre Abbé Metaſtaſio,
l'unité de lieu, d'action & de tems, ſont ob-
ſervées : ajoûtez que ces piéces ſont pleines
de cette Poëſie d'expreſſion, & de cette élé-
gance continuë, qui embelliſſent le naturel
ſans jamais le charger, talens que depuis les
Grecs le ſeul Racine a poſſedé parmi nous, &
le ſeul Adiſſon chez les Anglais.

Je ſçai que ces Tragédies ſi impoſantes par
les charmes de la muſique & par la magnificence du ſpectacle, ont un défaut que les
Grecs ont toûjours évité ; je ſçai que ce défaut a fait des monſtres des piéces les plus
belles, & d'ailleurs les plus réguliéres : il
conſiſte à mettre dans toutes les ſcènes de ces
petits airs coupés, de ces ariétes détachées
qui interrompent l'action, & qui font valoir
les fredons d'une voix efféminée, mais bril-
lante au dépens de l'intérêt & du bon ſens.
Le grand Auteur que j'ai déja cité & qui a tiré
beaucoup de ſes piéces de notre Théâtre tra-

gique, a rémédié, à force de génie, à ce défaut qui eſt devenu une néceſſité. Les paroles
de ſes airs détachés ſont ſouvent des embelliſ-
ſemens du ſujet même, elles ſont paſſionnées,
elles ſont quelquefois comparables aux plus
beaux morceaux des Odes d'Horace, j'en ap-
porterai pour preuve cette ſtrophe touchante
que chante Arbace accuſé & innocent.

Vo ſolcando un mar crudele
Senza vele
E ſenza ſarte.
Freme l'onda, il ciel s'imbruna,
Creſce il vento e manca l'arte :
E il voler della fortuna
Son coſtretto a ſeguitar.
Infelice in quello ſtato,
Son da tutti abbandonato ;
Meco ſola è l'innocenza
Che mi porta a naufragar.

J'y ajoûterai encore cette autre ariéte ſublime
que débite le Roi des Parthes vaincu par
Adrien, quand il veut faire ſervir ſa défaite
même à ſa vengeance.

Sprezza il furor del vento
Robuſta quercia auvezza
Di cento vènti è cento
L'injurie a tolerar.
E ſe pur cade al ſuolo,
Spiega per l'onde il volo ;
E con quel vento iſteſſo
Va contraſtando il mar.

Il y en a beaucoup de cette eſpêce, mais que

font des beautés hors de place ? Et qu'auroit-
on dit dans Athenes fi Œdipe & Orefte avoient,
au moment de la réconnoiſſance, chanté des
petits airs frédonnés, & débité des compa-
raiſons à Electre & à Jocafte ? Il faut donc
avoüer que l'Opera, en féduiſant les Italiens
par les agrémens de la muſique, a détruit
d'un côté la véritable Tragédie Grecque qu'il
faiſoit rénaître de l'autre.

Notre Opera Français nous devoit faire
encore plus de tort ; notre mélopée rentre bien
moins que la vôtre dans la déclamation na-
turelle ; elle eſt plus languiſſante ; elle ne permet jamais que les ſcènes ayent leur juſte
étenduë ; elle exige des dialogues courts en
petites maximes coupées, dont chacune produit une eſpêce de chanſon.

Que ceux qui ſont au fait de la vraie littérature des autres nations, & qui ne bornent
pas leur ſcience aux airs de nos ballets, ſon-
gent à cette admirable ſcène dans *la Clemen-
za di Tito*, entre Titus & ſon favori, qui a
conſpiré contre lui ; je veux parler de cette
ſcène où Titus dit à Seſtus ces paroles divines:

> Siam ſoli, il tuo Sovrano
> Non è preſente ; apri il tuo core à Tito,
> Confida ti all' amico ; io ti prometto,
> Qu'Auguſto n'ol ſaprà.

Qu'ils réliſent le monologue ſuivant où Titus
dit ces autres paroles qui doivent être l'éternelle leçon de tous les Rois, & le charme de
tous les hommes.

> . . . . Il torre' altrui la vita

E facolta commune
Al piu vil della terra ; il dar la è folo
De' numi , & de' regnanti.

Ces deux fcénes comparables à tout ce que
la Grece a eu de plus beau , fi elles ne font
pas fupérieures ; ces deux fcènes dignes de
Corneille, quand il n'eft pas déclamateur , &
de Racine , quand il n'eft pas faible ; ces deux
fcènes qui ne font pas fondées fur un amour
d'Opéra , mais fur les plus nobles fentimens
du cœur humain, ont une durée trois fois
plus longue au moins que les fcènes les plus
étenduës de nos Tragédies en mufique. De
pareils morceaux ne feroient pas fupportés fur
notre Théâtre Lyrique, qui ne fe foutient guéres que par des maximes de galanterie, & par
des paffions manquées, à l'exception d'Armide , & des belles fcènes d'Iphigénie, ouvrages plus admirables qu'imités.

Parmi nos défauts nous avons , comme
vous, dans nos Opera les plus tragiques, une
infinité d'airs détachés, mais qui font plus dé-
fectueux que les vôtres , parce qu'ils font
moins liés au fujet. Les paroles y font prefque
toûjours affervies aux muficiens , qui ne pouvant exprimer dans leurs petites chanfons les
termes mâles & énergiques de notre langue,
exigent des paroles efféminées , oifives , vagues, étrangéres à l'action, & ajoûtées comme
on peut à de petits airs méfurés , femblables
à ceux qu'on appelle à Venife *Barcarole.*
Quel rapport, par exemple, entre Théfée reconnu par fon pere fur le point d'être empoi-
fonné par lui , & ces ridicules paroles.

Le plus fage
S'enflamme & s'engage
Sans fçavoir comment.

Malgré ces défauts, j'ofe encore penfer que nos bonnes Tragédies Opera, telles qu'Atis, Armide, Théfée, étoient ce qui pouvoit donner parmi nous quelque idée du Théâtre d'Athénes, parce que ces Tragédies font chantées comme celles des Grecs ; parce que le Chœur, tout vicieux qu'on l'a rendu, tout fade panégyrifte qu'on l'a fait de la morale amoureufe, reffemble pourtant à celui des Grecs, en ce qu'il occupe fouvent la fcène. Il ne dit pas ce qu'il doit dire, il n'enfeigne pas la vertu, *& regat iratos & amet peccare timentes* ; mais enfin il faut avouer que la forme des Tragédies Opera nous retrace la forme de la Tragédie Gréque à quelques égards. Il m'a donc paru en général, en confultant les gens de lettres qui connaiffent l'antiquité, que ces Tragedies Opera font la copie & la ruine de la Tragédie d'Athenes. Elles en font la copie en ce qu'elles admettent la mélopée, les Chœurs, les Machines, les Divinités : elles en font la deftruction, parce qu'elles ont accoutumé les jeunes gens à fe connaître en fons plus qu'en efprit, à préférer leurs oreilles à leur ame, des roulades à des penfées fublimes, à faire valoir quelquefois les ouvrages les plus infipides & les plus mal écrits, quand ils font foûtenus par quelques airs qui nous plaifent. Mais, malgré tous ces défauts, l'enchantement qui réfulte de ce mêlange heureux de fcènes, de chœurs, de danfes, de fimphonie, & de cette variété de décorations, fubjugue jufqu'au critique même ; & la meilleure Comédie , la meilleure Tragédie n'eft jamais fréquentée par les mêmes perfonnes auffi affidûment qu'un Opera médiocre. Les beautés régulieres , nobles , févéres , ne font pas les plus recherchées par le vulgaire ; fi on repréfente une ou deux fois Cinna , on joué trois mois les Fêtes Vénitiennes : un poëme épique eft moins lû que des épigrammes licentieufes ; un petit roman fera mieux débité que l'hiftoire du Préfident de Thou. Peu de particuliers font travailler de grands Peintres; mais on fe difpute des figures eftropiées qui viennent de la Chine , & des ornemens fragiles. On dore , on vernit des cabinets , on néglige la noble architecture ; enfin dans tous les genres , les petits agrémens l'emportent fur le vrai mérite.

SECONDE PARTIE.

De la Tragédie Françaife comparée à la Tragédie Gréque.

HEUREUSEMENT la bonne & vraye Tragédie parut en France avant que nous euffions ces Opéra qui auroient pû l'étouffer. Un Auteur nommé Mairet fut le premier qui en imitant la Sophonisbe du Triffino , introduifit la régle de trois unités, que vous avez prifes des Grecs. Peu à peu notre fcene s'épura, & fe défit de l'indécence & de la bar-

barie qui deshonoroient alors tant de Théâtres, & qui fervoient d'excufe à ceux dont la
févérité peu éclairée condamnoit tous les Spectacles.

Les Acteurs ne parurent pas élevés comme
à Athénes, fur des Cothurnes qui étoient de
véritables échaffes ; leur vifage ne fut pas caché fous de grands mafques dans lefquels des
tuyaux d'airain rendoient les fons de la voix
plus frapans & plus terribles. Nous ne pûmes
avoir la mélopée des Grecs. Nous nous rédui-
sîmes à la fimple déclamation harmonieufe,
ainfi que vous en aviez d'abord ufé. Enfin nos
Tragédies devinrent une imitation plus vraye
de la nature. Nous fubftituâmes l'hiftoire à la
fable grecque. La politique, l'ambition, la jaloufie, les fureurs de l'amour régnerent fur
nos Théâtres. Augufte, Cinna, Cefar, Corne-
lie, plus refpectables que des Héros fabuleux,
parlerent fouvent fur notre fcène, comme ils
auroient parlé dans l'ancienne Rome.

Je ne prétends pas que la fcène Françaife
l'ait emporté en tout fur celle des Grecs, &
doive la faire oublier. Les inventeurs ont toûjours la premiere place dans la mémoire des
hommes ; mais quelque refpect qu'on ait pour
ces premiers génies, cela n'empêche pas que
ceux qui les ont fuivis ne faffent fouvent beaucoup plus de plaifir. On refpecte Homere, mais
on lit le Taffe ; on trouve dans lui beaucoup
de beautés qu'Homere n'a point connuës. On
admire Sophocle, mais combien de nos bons
Auteurs tragiques ont-ils des traits de maître
que Sophocle eût fait gloire d'imiter, s'il fût
venu après eux ? Les Grecs auroient appris de

nos grands Modernes à faire des expofitions plus adroites, à lier les fcènes les unes aux autres par cet art imperceptible qui ne laiffe jamais le Théâtre vuide, & qui fait venir & fortir avec raifon les perfonnages; c'eft à quoi les Anciens ont fouvent manqué, & c'eft en quoi le Triffino les a malheureufement imités.

Je maintiens, par exemple, que Sophocle & Euripide euffent regardé la premiere fcène de Bajazet comme une école où ils auroient profité, en voyant un vieux Général d'armée annoncer, par les queftions qu'il fait, qu'il médite une grande entreprife.

> Que faifoient cependant nos braves Janiffaires,
> Rendent-ils au Sultan, des hommages finceres,
> Dans le fecret des cœurs Ofmin n'as-tu rien lû:

Et le moment d'après.

> Crois-tu qu'ils me fuivroient encor avec plaifir,
> Et qu'ils reconnoîtroient la voix de leur Vifir?

Ils auroient admiré comme ce conjuré développe enfuite fes deffeins, & rend compte de fes actions. Ce grand mérite de l'art n'étoit point connu aux inventeurs de l'art. Le choc des paffions, ces combats de fentimens oppofés, ces difcours animés de rivaux & de rivales, ces querelles, ces bravades, ces plaintes reciproques, ces conteftations intéreffantes, où l'on dit ce que l'on doit dire; ces fituations fi bien ménagées les auroient étonnés; ils euffent trouvé mauvais peut-être qu'Hippolite foit amoureux affez froidement d'Aricie, & que fon Gouverneur, lui faffe des leçons de galanterie, qu'il dife:

.Vous-même où feriez-vous ,
Si toûjours votre mere à l'amour oppofée ,
D'une pudique ardeur n'eût brulé pour Thefée.

Paroles tirées du Paftor Fido , & bien plus
convenables à un Berger qu'au Gouverneur
d'un prince : mais ils euffent été ravis en ad-
miration en entendant Phedre s'écrier ,

Oenone , qui l'eût crû , j'avois une rivale.
. . . . . . Hippolite aime , & je n'en peux douter.
Ce farouche ennemi qu'on ne pouvoit dompter ,
Qu'offenfoit le refpeɛt , qu'importunoit la plainte,
Ce Tigre que jamais je n'abordai fans crainte ,
Soumis , aprivoifé , reconnoît un vainqueur.

Ce defefpoir de Phedre en découvrant fa rivale , vaut certainement un peu mieux que la
fatire des Femmes Savantes , que fait fi lon-
guement & fi mal-à-propos l'Hippolite d'Euripide , qui devient là un mauvais Perfonnage
de Comédie. Les Grecs auroient furtout été
furpris de cette foule de traits fublimes qui
étincellent de toutes parts dans nos Modernes.
Quel effet ne feroit point fur eux ce vers ?

Que vouliez-vous qu'il fit contre trois ? qu'il
mourut.

Et cette réponfe peut-être encore plus belle &
plus paffionnée que fait Hermione à Orefte ,
lors qu'après avoir éxigé de lui la mort de Pir-
thus qu'elle aime , elle apprend malheureufement qu'elle eft obéie , elle s'écrie alors:

Pourquoi l'affaffiner , qu'a-t'il fait , à quel titre ,
Qui te l'a dit ?

ORESTE.

O Dieux , quoi ne m'avez-vous pas
Vous-même ici tantôt ordonné fon trépas ?

HERMIONE.

Ah ! falloit-il en croire une amante infenfée ?

Je citerai encore ici ce que dit Céfar , quand
on lui préfente l'urne qui renferme les cendres
de Pompée.

Reftes d'un demi-Dieu , dont à peine je puis
Egaler le grand nom , tout vainqueur que j'en fuis.

Les Grecs ont d'autres beautés , mais je m'en
rapporte à vous, MONSEIGNEUR , ils n'en
ont aucune de ce caractere.

Je vais plus loin , & je dis que ces hommes
qui étoient fi paffionnés pour la liberté , & qui
ont dit fi fouvent qu'on ne peut penfer avec
hauteur que dans les Républiques , appren-
droient à parler dignement de la liberté même , dans quelques-unes de nos Piéces , tout
écrites qu'elles font dans le fein d'une Mo-
narchie.

Les Modernes ont encore , plus fréquem-
ment que les Grecs , imaginé des Sujets de
pure invention. Nous eûmes beaucoup de ces
ouvrages du tems du Cardinal de Richelieu ,
c'étoit fon goût, ainfi que celui des Efpagnols:
il aimoit qu'on cherchât d'abord à peindre
des mœurs & à arranger une intrigue , &
qu'enfuite on donnât des noms aux Perfonnages , comme on en ufe dans la Comédie ; c'eft
ainfi qu'il travailloit lui-même , quand il vouloit fe délaffer du poids du miniftére. Le Vin-
ceflas

ceſlas de Rotrou eſt entierement dans ce goût, & toute cette hiſtoire eſt fabuleuſe. Mais l'Auteur voulut peindre un jeune homme fougueux dans ſes paſſions, avec un mêlange de bonnes & de mauvaiſes qualités ; un pere tendre & faible ; & il a réüſſi dans quelques parties de ſon ouvrage. Le Cid & Héraclius tirés des Eſpagnols, ſont encore des ſujets feints ; il eſt bien vrai qu'il y a eu un Empereur nommé Héraclius, un Capitaine Eſpagnol qui eut le nom de Cid, mais preſqu'aucune des avantures qu'on leur attribuë n'eſt véritable. Dans Zaïre & dans Alzire, ſi j'oſe en parler, (& je n'en parle que pour donner des exemples connus) tout eſt feint juſqu'aux noms. Je ne conçois pas après cela, comment le Pere Brumoy a pû dire dans ſon Théâtre des Grecs, que la Tragédie ne peut ſouffrir de ſujets feints, & que jamais on ne prit cette liberté dans Athénes. Il s'épuiſe à chercher la raiſon d'une choſe qui n'eſt pas : « Je crois » en trouver une raiſon, *dit-il*, dans la na- » ture de l'eſprit humain : il n'y a que la » vraiſemblance dont il puiſſe être touché. » Or il n'eſt pas vraiſemblable que des faits » auſſi grands que ceux de la Tragédie ſoient » abſolument inconnus ; ſi donc le Poëte in- » vente tout le ſujet juſqu'aux noms, le ſpec- » tateur ſe révolte, tout lui paroît incroya- » ble, & la Piéce manque ſon effet, faute » de vraiſemblance. »

Premierement, il eſt faux que les Grecs ſe ſoient interdits cette eſpêce de Tragédie. Ariſtote dit expreſſement qu'Agathon s'étoit rendu très-célébre dans ce genre. Secondement,

B

il est faux que ces sujets ne réüssissent point ;
l'expérience du contraire dépose contre le
Pere Brumoy. En troisiéme lieu, la raison
qu'il donne du peu d'effet que ce genre de
Tragédie peut faire, est encore très-fausse :
c'est assurément ne pas connoître le cœur humain, que de penser qu'on ne peut le re-
muer par des fictions. En quatriéme lieu, un
sujet de pure invention, & un sujet vrai,
mais ignoré, sont absolument la même chose
pour les spectateurs : & comme notre Scène
embrasse des sujets de tous les tems & de tous
les païs, il faudroit qu'un spectateur allât consulter tous les livres, avant qu'il sçût si ce qu'on
lui représente est fabuleux ou historique : il ne
prend pas assurément cette peine ; il se laisse
attendrir quand la Piéce est touchante, & il
ne s'avise pas de dire, en voyant *Polieucte*,
je n'ai jamais entendu parler de Sévere &
de Pauline, ces gens-là ne doivent pas me
toucher.

Le Pere Brumoi devoit seulement remar-
quer que les Piéces de ce genre sont beaucoup plus difficiles à faire que les autres. Tout
le caractère de Phedre étoit déja dans Euripide ; sa déclaration d'amour dans Séneque
le tragique ; toute la scène d'Auguste &
de Cinna dans Séneque le Philosophe ; mais,
il falloit tirer Sévere & Pauline de son propre fonds. Au reste, si le Pere Brumoy s'est
trompé dans cet endroit & dans quelques autres, son livre est d'ailleurs un des meilleurs
& des plus utiles que nous ayons, & je ne
combats son erreur qu'en estimant son travail
& son goût.

Je reviens, & je dis que ce feroit manquer d'ame & de jugement, que de ne pas avoüer combien la fcène Françaife eft au-deffus de la fcène Grecque, par l'art de la conduite, par l'invention, par les beautés de détail, qui font fans nombre.

Mais auffi on feroit bien partial & bien in-jufte, de ne pas tomber d'accord que la ga-lanterie a prefque par-tout affaibli tous les avantages que nous avons d'ailleurs.

Il faut convenir que, d'environ quatre cent Tragédies qu'on a données au Théâtre, de-puis qu'il eft en poffeffion de quelque gloire en France, il n'y en a pas dix ou douze qui ne foient fondées fur une intrigue d'amour, plus propre à la Comédie, qu'au genre tra-gique. C'eft prefque toûjours la même piéce, le même nœud, formé par une jaloufie & une rupture, & dénoüé par un mariage ; c'eft une coquetterie continuelle ; une fimple Co-médie, où des Princes font acteurs, & dans laquelle il y a quelquefois du fang répandu pour la forme.

La plûpart de ces Piéces reffemblent fi fort à des Comédies, que les Acteurs étoient par-venus, depuis quelque tems, à les réciter du ton dont ils joüent les Piéces qu'on appelle du haut comique ; ils ont par-là contribué à dégrader encore la Tragédie : la pompe & la magnificence de la déclamation ont été mifes en oubli. On s'eft piqué de réciter des vers comme de la profe, on n'a pas confidéré qu'un langage au-deffus du langage ordinai-re, doit être débité d'un ton au deffus du ton familier. Et fi quelques Acteurs ne s'étoient

B 2

heureusement corrigés de ces défauts, la Tragédie ne seroit bien-tôt, parmi nous, qu'une suite de conversations galantes, froidement récitées : aussi n'y a-t'il pas encore long-tems que parmi les Acteurs de toutes les Troupes, les principaux rôles dans la Tragédie, n'étoient connus que sous le nom de l'*Amoureux* & de l'*Amoureuse*. Si un étranger avoit demandé dans Athenes : Quel est votre meilleur Acteur pour les amoureux dans Iphigénie, dans Hécube, dans les Héraclides, dans Œdipe & dans Electre ? on n'auroit pas même compris le sens d'une telle demande. La scène Française s'est lavée de ce reproche par quelques Tragédies, où l'amour est une passion furieuse & terrible, & vraiment digne du Théâtre, & par d'autres, où le nom d'amour n'est pas même prononcé. Jamais l'amour n'a fait verser tant de larmes que la nature. Le cœur n'est qu'effleuré, pour l'ordinaire, des plaintes d'une amante ; mais il est profondement attendri de la douloureuse situation d'une mere, prête de perdre son fils ; c'est donc assurement par condescendance pour son ami, que Despréaux disoit :

> . . . . . de l'amour la sensible peinture,
> Est pour aller au cœur la route la plus sûre.

La route de la nature est cent fois plus sûre, comme plus noble ; les morceaux les plus frappans d'Iphigénie, sont ceux où Clitemnestre défend sa fille, & non pas ceux où Achille défend son amante.

On a voulu donner dans Sémiramis un

fpectacle encore plus pathétique que dans Mérope ; on y a déployé tout l'appareil de l'ancien Théâtre Grec. Il feroit trifte, après que nos grands Maîtres ont furpaffé les Grecs en tant de chofes dans la Tragédie, que notre Nation ne pût les égaler dans la dignité de leurs repréfentations. Un des grands obftacles qui s'oppofent, fur notre Théâtre, à toute action grande & pathétique, eft la foule des fpectateurs, confonduë fur la fcène avec les Acteurs ; cette indécence fe fit fentir particulierement à la premiere repréfentation de Sémiramis. La principale Actrice de Londres, qui étoit préfente à ce Spectacle, ne revenoit point de fon étonnement : elle ne pouvoit concevoir comment il y avoit des hommes affez ennemis de leurs plaifirs, pour gâter ainfi le Spectacle fans en joüir. Cet abus a été corrigé dans la fuite aux repréfentations de Sémiramis, & il pourroit aifément être fuprimé pour jamais. Il ne faut pas s'y méprendre, un inconvénient tel que celui-là feul, a fuffi pour priver la France de beaucoup de chefs - d'œuvres qu'on auroit fans doute hazardés, fi on avoit eû un Théâtre libre, propre pour l'action, & tel qu'il eft chez toutes les autres nations de l'Europe.

Mais ce grand défaut n'eft pas affurement le feul qui doive être corrigé. Je ne peux affez m'étonner ni me plaindre du peu de foin qu'on a en France de rendre les Théâtres dignes des excellens Ouvrages qu'on y repréfente, & de la Nation qui en fait fes délices. Cinna, Athalie, méritoient d'être représentés ailleurs que dans un jeu de paume, au bout duquel on a élevé quelques décorations du plus mauvais goût, & dans lequel les Spectateurs sont placés contre tout ordre & contre toute raison, les uns debout sur le Théâtre même, les autres debout dans ce qu'on appelle Parterre, où ils sont gênés & pressés indécemment, & où ils se précipitent quelquefois en tumulte les uns sur les autres, comme dans une sédition populaire. On représente au fond du Nord nos ouvrages dramatiques dans des salles mille fois plus magnifiques, mieux entenduës, & avec beaucoup plus de décence.

Que nous sommes loin sur-tout de l'intelligence & du bon goût qui régne en ce genre dans presque toutes vos Villes d'Italie ! Il est honteux de laisser subsister encore ces restes de barbarie dans une Ville si grande, si peuplée, si opulente & si polie. La dixiéme partie de ce que nous dépensons tous les jours en bagatelles aussi magnifiques qu'inutiles & peu durables, suffiroit pour élever des monumens publics en tous les genres, pour rendre Paris aussi magnifique qu'il est riche & peuplé, & pour l'égaler un jour à Rome, qui est notre modéle en tant de choses. C'étoit un des projets de l'immortel Colbert. J'ose me flâter qu'on pardonnera cette petite digression à mon amour pour les Arts & pour ma Patrie, & que peut-être même un jour elle inspirera aux Magistrats qui sont à la tête de cette Ville, la noble envie d'imiter les Magistrats d'Athénes & de Rome, & ceux de l'Italie moderne.

Un Théâtre conftruit felon les régles doit être très-vafte ; il doit repréfenter une partie d'une Place publique, le périftile d'un Palais, l'entrée d'un Temple. Il doit être fait de forte qu'un perfonnage vû par les fpectateurs, puiffe ne l'être point par les autres perfonnages felon le befoin. Il doit en impofer aux yeux qu'il faut toûjours féduire les premiers. Il doit être fufceptible de la pompe la plus majeftueufe. Tous les Spectateurs doivent voir & entendre également, en quelque endroit qu'ils foient placés. Comment cela peut-il s'exécuter fur une Scène étroite au milieu d'une foule de jeunes gens qui laiffent à peine dix pieds de place aux Acteurs ? De-là vient que la plûpart des Piéces ne font que de longues converfations ; toute action théâtrale eft fouvent manquée & ridicule. Cet abus fubfifte comme tant d'autres, par la raifon qu'il eft établi, & parce qu'on jette rarement fa maifon par terre, quoiqu'on fache qu'elle eft mal tournée. Un abus public n'eft jamais corrigé qu'à la derniere extrêmité. Au refte, quand je parle d'une action théâtrale, je parle d'un appareil, d'une cérémonie, d'une affemblée, d'un événement néceffaire à la Piéce, & non pas de ces vains fpectacles plus pueriles que pompeux, de ces reffources du décorateur qui fuppléent à la ftérilité du Poëte, & qui amufent les yeux, quand on ne fçait pas parler aux oreilles & à l'ame. J'aï vû à Londres une Piéce où l'on repréfentoit le couronnement du Roi d'Angleterre, dans toute l'exactitude poffible. Un Chevalier armé de toutes piéces en-

troit à cheval fur le théâtre. J'ai quelquefois entendu dire à des étrangers : *Ah ! le bel
Opéra que nous avons eû ; on y voyoit paſſer
au galop plus de deux cens Gardes.* Ces
gens-là ne ſçavoient pas que quatre beaux
Vers valent mieux dans une Piéce qu'un Régiment de Cavalerie. Nous avons à Paris
une Troupe Comique étrangere, qui ayant
rarement de bons ouvrages à repréſenter,
donne ſur le théâtre des feux d'artifice. Il y
a long-tems qu'Horace, l'homme de l'antiquité qui avoit le plus de goût, a condamné
ces ſotiſes qui leurent le peuple.

> Eſſeda feſtinant, pilenta, petorrita, naves ;
> Captivum portatur ebur captiva Corinthus.
> Si foret in terris, rideret Democritus ;
> Spectaret populum ludis attentius ipſis.

TROISIEEME PARTIE.

De Sémiramis.

PAR tout ce que je viens d'avoir l'honneur
de vous dire, MONSEIGNEUR, vous voyez
que c'étoit une entrepriſe aſſez hardie de repréſenter Sémiramis aſſemblant les Ordres de
l'Etat pour leur annoncer ſon mariage ; l'Ombre de Ninus ſortant de ſon tombeau pour
prévenir un inceſte & pour venger ſa mort ;
Sémiramis entrant dans ce mauſolée, & en
ſortant expirante, & percée de la main de
ſon fils. Il étoit à craindre que ce ſpectacle
ne révoltât : & d'abord, en effet, la plûpart

de ceux qui fréquentent les Spectacles, ac-
coûtumés à des élegies amoureuses, se li-
guerent contre ce nouveau genre de Tragédie. On dit qu'autrefois dans une Ville de
la grande Gréce, on proposoit des prix pour
ceux qui inventeroient des plaisirs nouveaux,
Ce fut ici tout le contraire. Mais quelques
efforts qu'on ait fait pour faire tomber cette
espêce de drame, vraiment terrible & tra-
gique, on n'a pû y réüssir ; on disoit & on
écrivoit de tous côtés que l'on ne croit plus
aux revenans, & que les apparitions des
morts ne peuvent être que pueriles aux yeux
d'une nation éclairée. Quoi ! toute l'antiquité aura crû ces prodiges, & il ne sera pas
permis de se conformer à l'antiquité ? Quoi !
notre Religion aura consacré ces coups extraordinaires de la Providence, & il seroit
ridicule de les renouveller ?

Les Romains Philosophes ne croyoient pas
aux revenans du tems des Empereurs, & cependant le jeune Pompée évoque une Ombre dans la Pharsale. Les Anglais ne croyent
pas assurément plus que les Romains aux revenans ; cependant ils voyent tous les jours
avec plaisir dans la Tragédie d'Hamlet, l'ombre d'un Roi qui paraît sur le Théâtre dans
une occasion à peu près semblable à celle où
l'on a vû à Paris le Spectre de Ninus. Je
suis bien loin assurément de justifier en tout
la Tragédie d'Hamlet ; c'est une Piéce gros-
siere & barbare, qui ne seroit pas supportée
par la plus vile populace de France & d'Italie. Hamlet y devient fou au second Acte, &
sa maîtresse devient folle au troisiéme ; le

Prince tuë le pere de ſa maîtreſſe croyant
tuer un rat, & l'héroïne ſe jette dans la ri-
viere. On fait ſa foſſe ſur le théâtre ; des
foſſoyeurs diſent des quolibets dignes d'eux
en tenant dans leurs mains des têtes de morts;
le Prince Hamlet répond à leurs groſſieretés
abominables par des folies non moins dé-
goûtantes ; pendant ce tems-là , un des Acteurs fait la conquête de la Pologne : Hamlet, ſa mere, & ſon beau-pere boivent enſemble ſur le théâtre ; on chante à table ; on
s'y querelle ; on ſe bat ; on ſe tuë ; on croiroit que cet ouvrage eſt le fruit de l'imagination d'un Sauvage yvre. Mais parmi ces ab-
ſurdités groſſieres qui rendent encore aujourdhui le Théâtre Anglais ſi abſurde & ſi barbare, on trouve dans Hamlet, par une bi-
zarrerie encore plus grande, des traits ſubli-
mes, dignes des plus grands génies. Il ſemble que la nature ſe ſoit plû à raſſembler
dans la tête de Shakeſpear, ce qu'on peut
imaginer de plus fort & de plus grand, avec
ce que la groſſiereté ſans eſprit peut avoir de
plus bas & de plus déteſtable.

Il faut avoüer que parmi les beautés qui
étincellent au milieu de ces horribles extra-
vagances, l'Ombre du pere d'Hamlet eſt un
des coups de théâtres des plus frappans. Il
fait toûjours un grand effet ſur les Anglais,
je dis ſur ceux qui ſont les plus inſtruits, &
qui ſentent le mieux toute l'irrégularité de
leur ancien Théâtre. Cette ombre inſpire plus
de terreur à la ſeule lecture, que n'en fait
naître l'apparition de Darius dans la Tragédie d'Echile, intitulée les Perſes. Pourquoi?

Parce que Darius, dans Echile, ne paraît
que pour annoncer les malheurs de sa famille ; au lieu que dans Shakespear, l'ombre du pere d'Hamlet vient demander vengeance ; vient révéler des crimes secrets ; elle
n'est ni inutile, ni amenée par force ; elle sert
à convaincre qu'il y a un pouvoir invisible,
qui est le maître de la nature. Les hommes
qui ont tous un fonds de justice dans le cœur,
souhaitent naturellement que le Ciel s'intéresse
à venger l'innocence : on verra avec plaisir en
tout tems & en tout païs, qu'un Etre suprême
s'occupe à punir les crimes de ceux que les
hommes ne peuvent appeller en jugement ;
c'est une consolation pour le faible, c'est un
frein pour le pervers qui est puissant.

> Du Ciel, quand il le faut, la justice suprême,
> Suspend l'ordre éternel, établi par lui-même :
> Il permet à la mort d'interrompre ses loix,
> Pour l'effroi de la terre & l'exemple des Rois.

Voilà ce que dit à Sémiramis le Pontife de
Babylone, & ce que le successeur de Samuël
auroit pû dire à Saül, quand l'ombre de Samuël vint lui annoncer sa condamnation.

Je vais plus avant, & j'ose affirmer que
lorsqu'un tel prodige est annoncé dans le
commencement d'une Tragédie, quand il est
préparé, quand on est parvenu enfin jusqu'au
point de le rendre nécessaire, de le faire dé-
sirer même par les spectateurs, il se place
alors au rang des choses naturelles.

On sçait bien que ces grands artifices ne
doivent pas être prodigués. *Nec Deus inter-
sit, nisi dignus vindice nodus.* Je ne voudrois

pas affurément , à l'imitation d'Euridipe ,
faire defcendre Diane , à la fin de la Tragédie de Phedre , ni Minerve dans l'Iphigénie en Tauride. Je ne voudrois pas , comme
Shakefpear , faire apparaître à Brutus fon
mauvais génie. Je voudrois que de telles har-
dieffes ne fuffent employées que quand elles
fervent à la fois à mettre dans la Piéce de
l'intrigue & de la terreur : & je voudrois fur-
tout que l'intervention de ces êtres furnatu-
rels ne parût pas abfolument néceffaire. Je
m'explique : fi le nœud d'un Poëme tragique eft tellement embroüillé , qu'on ne puiffe
fe tirer d'embarras que par le fecours d'un
prodige , le fpectateur fent la gêne où l'Auteur s'eft mis , & la faibleffe de la reffource.
Il ne voit qu'un Ecrivain qui fe tire maladroi-
tement d'un mauvais pas. Plus d'illufion ,
plus d'intérêt. *Quodcumque oftendis mihi , fic
incredulus odi* Mais je fuppofe que l'Auteur
d'une Tragédie fe fût propofé pour but d'a-
vertir les hommes que Dieu punit quelquefois de grands crimes par des voyes extraordinaires. Je fuppofe que fa Piéce fût conduite avec un tel art , que le fpectateur atten-
dît à tout moment l'ombre d'un Prince af-
faffiné , qui demande vengeance , fans que
cette apparition fût une reffource abfolument
néceffaire à une intrigue embarraffée : je dis
qu'alors ce prodige , bien ménagé , feroit un
très-grand effet en toute langue , en tout tems
& en tout païs.

Tel eft , à peu près , l'artifice de la Tragédie de Sémiramis , (aux beautés près dont
je n'ai pû l'orner.) On voit , dès la pre-

miere Scène, que tout doit se faire par le ministère céleste ; tout roule, d'Acte en Acte sur cette idée. C'est un Dieu vengeur, qui inspire à Sémiramis des remords qu'elle n'eût point eûs dans ses prospérités, si les cris de Ninus même ne fussent venus l'épouvanter au milieu de sa gloire. C'est ce Dieu qui se sert de ces remords mêmes qu'il lui donne, pour préparer son châtiment ; & c'est de-là même que résulte l'instruction qu'on peut tirer de la Piéce. Les Anciens avoient souvent dans leurs ouvrages le but d'établir quelque grande maxime ; ainsi Sophocle finit son Œdipe, en disant qu'il ne faut jamais appeller un homme heureux avant sa mort : ici toute la morale de la piéce est renfermée dans ces vers;

. . . . Il est donc des forfaits,
 Que le courroux des Dieux ne pardonne jamais.

Maxime bien autrement importante que celle de Sophocle. Mais quelle instruction, dira-t'on, le commun des hommes peut-il tirer d'un crime si rare, & d'une punition plus rare encore ? J'avouë que la catastrophe de Sémiramis n'arrivera pas souvent ; mais ce qui arrive tous les jours se trouve dans les derniers vers de la Piéce.

. . . . Apprenez tous du moins,
 Que les crimes secrets ont les Dieux pour témoins.

Il y a peu de famille sur la terre où l'on ne puisse quelquefois s'appliquer ces vers ; c'est par-là que les sujets tragiques, les plus au-dessus des fortunes communes, ont les rapports les plus vrais avec les mœurs de tous les hommes.

Je pourrois, ſur-tout, appliquer à la Tragédie de Sémiramis la morale par laquelle
Euripide finit ſon Alceſte, piéce dans laquelle
le merveilleux régne bien davantage. *Que les*
Dieux employent des moyens étonnans pour
éxécuter leurs éternels décrets ! Que les
grands événemens qu'ils ménagent ſurpaſſent
les idées des mortels !

Enfin, MONSEIGNEUR, c'eſt uniquement
parce que cet Ouvrage reſpire la morale la
plus pure, & même la plus ſévére, que je
le préſente à votre Eminence. La véritable
Tragédie eſt l'école de la vertu ; & la ſeule
différence qui ſoit entre le Théâtre épuré &
les Livres de morale, c'eſt que l'inſtruction
ſe trouve dans la Tragédie toute en action,
c'eſt qu'elle y eſt intéreſſante, & qu'elle ſe
montre relevée des charmes d'un art qui ne
fût inventé autrefois que pour inſtruire la
terre, & pour bénir le Ciel, & qui, par
cette raiſon, fut appellé le langage des Dieux.
Vous qui joignez ce grand art à tant d'autres, vous me pardonnez, ſans doute, le
long détail où je ſuis entré, ſur des choſes
qui n'avoient pas peut-être été encore tout-à-
fait éclaircies ; & qui le ſeroient, ſi votre
Eminence daignoit me communiquer ſes lumiéres ſur l'antiquité, dont elle a une ſi profonde connoiſſance.

SÉMIRAMIS,

TRAGÉDIE.

ACTEURS.

SE'MIRAMIS.

ARZACE, ou Ninias.

AZE'MA, Princeſſe du Sang de Bélus.

ASSUR, Prince du Sang de Bélus.

OROE'S, Grand - Prêtre.

OTANE, Miniſtre attaché à Sémiramis.

MITRANE, ami d'Arzace.

CEDAR, attaché à Aſſur.

Gardes, Mages, Eſclaves, Suite.

SÉMIRAMIS,
TRAGEDIE.

ACTE PREMIER.

Le théâtre repréſente un vaſte périſtile au fond duquel eſt le Palais de Sémiramis. Les jardins en terraſſe ſont élevés au deſſus du palais, le temple des Mages eſt à droite, & un mauſolée à gauche orné d'obéliſques.

SCENE PREMIERE.

ARZACE, MITRANE.

ARZACE. *Deux Eſclaves portent une Caſſette dans le lointain.*

QUI, Mitrane, en ſecret l'ordre émané du trône,
Remet entre tes bras, Arzace à Babylone.
Que la Reine en ces lieux brillans de ſa ſplendeur
De ſon puiſſant génie imprime la grandeur !

C

Quel art a pû former ces enceintes profondes ,
Où l'Euphrate égaré porte en tribut ses ondes ,
Ce temple , ces jardins dans les airs soutenus ,
Ce vaste mauzolée où repose Ninus ?
Eternels monumens moins admirable qu'elle.
C'est ici qu'à ses pieds Sémiramis m'appelle.
Les Rois de l'Orient , loin d'elle prosternés ,
N'ont point eû ces honneurs qui me sont destinés ,
Je vais dans son éclat voir cette Reine heureuse.

M I T R A N E.

La renommée , Arzace, est souvent bien trompeuse :
Et peut-être avec moi bien-tôt vous gémirez ,
Quand vous verrez de près ce que vous admirez.

A R Z A C E.

Comment !

M I T R A N E.

Sémiramis à ses douleurs livrée
Séme ici les chagrins dont elle est dévorée :
L'horreur qui l'épouvante est dans tous les esprits.
Tantôt remplissant l'air de ses lugubres cris ,
Tantôt morne , abbatuë égarée , interdite ,
De quelque Dieu vengeur évitant la poursuite ,
Elle tombe à genoux vers ces lieux retirés ,
A la nuit , au silence , à la mort consacrés ,
Séjour où nul mortel n'osa jamais descendre ,
Où de Ninus mon maître , on conserve la cendre ;
Elle approche à pas lents , l'air sombre , intimidé ,
Et se frappant le sein de ses pleurs inondé.
A travers les horreurs d'un silence farouche ,
Les noms de fils , d'époux échappent de sa bouche ,
Elle invoque les Dieux ; mais les Dieux irrités
Ont corrompu le cours de ses prospérités.

A R Z A C E.

Quel est d'un tel état l'origine imprévûë,

MITRANE.

L'effet en est affreux. La cause est inconnuë.

ARZACE.

Et depuis quand les Dieux l'accablent-ils ainsi ?

MITRANE.

Du tems qu'elle ordonna que vous vinssiez ici.

ARZACE.

Moi ?

MITRANE.

Vous ; ce fut, Seigneur, au milieu de ces fêtes,
Quand Babylone en feu célebroit vos conquêtes ;
Lorsqu'on vit déployer ces drapeaux suspendus,
Monumens des Etats à vos armes rendus :
Lorsqu'avec tant d'éclat l'Euphrate vit paraître,
Cette jeune Azéma, la niéce de mon maître ;
Ce pur sang de Bélus, & de nos souverains :
Qu'aux Scites ravisseurs ont arraché vos mains ;
Ce trône a vû flêtrir sa majesté suprême,
Dans des jours de triomphe, au sein du bonheur même,

ARZACE.

Azéma n'a point part à ce trouble odieux.
Un seul de ses regards adouciroit les Dieux.
Azéma d'un malheur ne peut être la cause ;
Mais de tout cependant Sémiramis dispose,
Son cœur en ces horreurs n'est pas toûjours plongé ?

MITRANE.

De ces chagrins mortels son esprit dégagé,
Souvent reprend sa force & sa splendeur premiére.
J'y revois tous les traits de cette ame si fière,
A qui les plus grands Rois sur la terre adorés
Même par leurs flâteurs ne sont pas comparés ;
Mais lorsque succombant au mal qui la déchire,
Ses mains laissent flotter les rênes de l'Empire ;
Alors le fier Assur, ce satrape insolent,
Fait gémir le palais sous son joug accablant.

C 2

Ce fecret de l'Etat , cette honte du trône ,
N'ont point encor percé les murs de Babylone ,
Ailleurs on nous envie , ici nous gémiffons.

ARZACE.

Pour les faibles humains quelles hautes leçons !
Que par-tout le bonheur eft mêlé d'amertume ,
Qu'un trouble auffi cruel m'agite & me confume ?
Privé de ce mortel dont les yeux éclairés
Auroient conduit mes pas à la Cour égarés ,
Accufant le deftin qui m'a ravi mon pere ,
En proye aux paffions d'un âge téméraire ,
A mes vœux orguëilleux fans guide abandonné ,
De quels écuëils nouveaux je marche environné !

MITRANE.

J'ai pleuré comme vous ce vieillard vénérable ,
Phadrate m'étoit cher , & fa perte m'accable :
Hélas ! Ninus l'aimoit ; il lui donna fon fils ,
Ninias notre efpoir à fes mains fut remis.
Un même jour ravit & le fils & le pere ;
Il s'impofa dès-lors un exil volontaire.
Mais enfin fon exil a fait votre grandeur ;
Elevé près de lui dans les champs de l'honneur ,
Vous avez à l'Empire ajoûté des provinces ,
Et placé par la gloire au rang des plus grands Princes ,
Vous êtes devenu l'ouvrage de vos mains.

ARZACE.

Je ne fçais en ces lieux quels feront mes deftins.
Aux plaines d'Arbazan quelques fuccès peut-être ,
Quelques travaux heureux , m'ont affez fait connaître ;
Et quand Sémiramis aux rives de l'Oxus.
Vint impofer des loix à cent peuples vaincus ,
Elle laiffa tomber de fon char de victoire
Sur mon front jeune encor un rayon de fa gloire ;
Mais fouvent dans les camps un foldat honoré
Rampe à la Cour des Rois , & languit ignoré.

Mon pere en expirant me dit que ma fortune ,
Dépendoit en ces lieux de la caufe commune.
Il remit dans mes mains ces gages précieux ,
Qu'il conferva toûjours loin des profanes yeux ;
Je dois les dépofer dans les mains du Grand Prêtre.
Lui feul doit en juger , lui feul doit les connaître ,
Sur mon fort en fecret je dois le confulter ,
A Sémiramis même il peut me préfenter.

MITRANE.

Rarement il l'approche ; obfcur & folitaire ,
Renfermé dans les foins de fon faint miniftère ,
Sans vaine ambition , fans crainte , fans détour ,
On le voit dans fon temple , & jamais à la Cour.
Il n'a point affecté l'orgüeil du rang suprême ,
Ni placé fa thiare auprès du diadême.
Moins il veut être grand, plus il eft révéré.
Quelqu'accès m'eft ouvert en ce féjour facré ;
Je puis même en fecret lui parler à cette heure.
Vous le verrrez ici , non loin de fa demeure ,
Avant qu'un jour plus grand vienne éclairer nos yeux.

SCENE II.

ARZACE, *feul.*

EH ! quelle eft donc fur moi la volonté des Dieux ?
Que me réfervent-ils ! & d'où vient que mon pere
M'envoie en expirant aux pieds du fanctuaire ?
Moi foldat , moi , nourri dans l'horreur des combats ,
Moi , qu'enfin l'Amour feul entraîne fur fes pas.
Aux Dieux des Caldéens quel fervice ai-je à rendre ?
Mais quelle voix plaintive ici fe fait entendre ,

C 3

[*On entend des gémiſſemens ſortir du fond du tombeau, ou l'on ſuppoſe qu'ils ſont entendus.*]

Du fond de cette tombe, un cri lugubre, affreux,
Sur mon front paliſſant fait dreſſer mes cheveux ;
De Ninus, m'a-t'on dit, l'omb e en ces lieux habite....
Les cris ont redoublé ; mon ame eſt interdite.
Séjour ſombre & ſacré, manes de ce grand Roi,
Voix puiſſante des Dieux, que voulez-vous de moi !

SCENE III.

ARZACE, *le grand Mage* OROE'S, *Suite des Mages*, MITRANE.

MITRANE, *au Mage* OROE'S.

OUi, Seigneur, en vos mains Arzace ici doit rendre
Ces monumens ſecrets que vous ſemblez attendre.

ARZACE.

Du Dieu des Caldéens, Pontife redouté,
Permettez qu'un guerrier à vos yeux préſenté,
Apporte à vos genoux la volonté dernière
D'un pere à qui mes mains ont fermé la paupière.
Vous daignâtes l'aimer.

OROE'S.

Jeune & brave mortel,
D'un Dieu qui conduit tout, le decret éternel
Vous amene à mes yeux plus que l'ordre d'un pere.
De Phadrate à jamais la mémoire m'eſt chere ;
Son fils me l'eſt encor plus que vous ne croyez.
Ces gages précieux par ſon ordre envoyés,
Où ſont-ils ?

ARZACE.

Les voici.

Les Esclaves donnent le coffre aux deux
Mages, qui le posent sur un autel.

O R O E'S, *ouvrant le coffre, & se pen-*
chant avec respect & avec douleur.

        C'est donc vous que je touche,
Restes chers & sacrés ! je vous vois, & ma bouche
Presse avec des sanglots ces tristes monumens,
Qui m'arrachant des pleurs attestent mes sermens :
Que l'on nous laisse seuls ; allez : & vous Mitrane,
De ce secret mistére écartez tout profane :

           Les Mages se retirent.

Voici ce même seau, dont Ninus autrefois
Transmit aux nations l'empreinte de ses loix :
Je la vois, cette lettre à jamais effrayante,
Que prête à se glacer traça sa main mourante ;
Adorez ce bandeau dont il fut couronné ;
A venger son trépas ce fer est destiné,
Ce fer qui subjugua la Perse & la Médie,
Inutile instrument contre la perfidie,
Contre un poison trop sûr, dont les mortels aprêts....

        A R Z A C E.

Ciel ! que m'apprenez-vous !

           O R O E'S.

          Ces horribles secrets,
Sont encor demeurés dans une nuit profonde.
Du sein de ce sépulcre inaccessible au monde,
Les manes de Ninus, & les Dieux outragés
Ont élevé leurs voix, & ne sont point vengés.

        A R Z A C E.

Jugez de quelle horreur j'ai dû sentir l'atteinte,
Ici même, & du fond de cette auguste enceinte,
D'affreux gémissemens sont vers moi parvenus.

         O R O E'S.

Ces accens de la mort sont la voix de Ninus.

                 C 4

ARZACE.

Deux fois à mon oreille ils se sont fait entendre.

OROE'S.

Ils demandent vengeance.

ARZACE.

Il a droit de l'attendre ;

Mais de qui ?

OROE'S.

Les cruels , dont les coupables mains ,
Du plus juste des Rois ont privé les humains ;
Ont de leur trahison caché la trame impie ;
Dans la nuit de la tombe elle est ensevelie.
Aisément des mortels ils ont séduit les yeux ;
Mais on ne peut tromper l'œil vigilant des Dieux ,
Des plus obscurs complots il perce les abîmes.

ARZACE.

Ah ! si ma foible main pouvoit punir ces crimes !
Je ne sçai , mais l'aspect de ce fatal tombeau ,
Dans mes sens étonnés porte un trouble nouveau.
Ne puis-je y consulter ce Roi qu'on y révère ?

OROE'S.

Non , le Ciel le défend ; un oracle sévere
Nous interdit l'accès de ce séjour de pleurs ,
Habité par la mort , & par des Dieux vengeurs ,
Attendez avec moi le jour de la justice ;
Il est tems qu'il arrive , & que tout s'accomplisse.
Je n'en peux dire plus ; des pervers éloigné ,
Je leve en paix mes mains vers le Ciel indigné.
Sur ce grand intérêt ; qui peut-être vous touche ,
Ce Ciel , quand il lui plaît , ouvre & ferme ma bouche;
J'ai dit ce que j'ai dû ; tremblez qu'en ces remparts ,
Une parole , un geste , un seul de vos regards ,
Ne trahisse un secret que mon Dieu vous confie.
Il y va de sa gloire & du sort de l'Asie ;
Il y va de vos jours : vous , Mages , approchez .

Que ces chers monumens sous l'autel soient cachés,

La grande porte du Palais s'ouvre, & se remplit de
Gardes. Assur paraît avec sa suite d'un autre côté.

Déja le palais s'ouvre, on entre chez la Reine ;
Vous voyez cet Assur, dont la grandeur hautaine
Traîne ici sur ses pas un peuple de flâteurs.
A qui, Dieu tout-puissant, donnez-vous les grandeurs ?
O monstre !

ARZACE.

Quoi, Seigneur !

OROE'S.

Adieu. Quand la nuit sombre
Sur ces coupables murs viendra jetter son ombre,
Je pourrai vous parler en présence des Dieux,
Redoutez-les, Arzace : ils ont sur vous les yeux.

SCENE IV.

ARZACE *sur le devant du théatre avec Mitrane,*
qui reste auprès de lui. ASSUR *vers un des côtés*
avec Cédar & sa suite.

ARZACE.

DE tout ce qu'il m'a dit, que mon ame est émuë !
Quels crimes ! quelle cour ! & qu'elle est peu connuë !
Quoi ! Ninus, quoi ! mon maître est mort empoisonné !
Et je ne vois que trop qu'Assur est soupçonné.

MITRANE, *approchant d'Arzace.*

Des Rois de Babylone Assur tient sa naissance ;
Sa fiere autorité veut de la déférence ;
La Reine le ménage, on craint de l'offenser,
Et l'on peut sans rougir devant lui s'abaisser.

ARZACE.

Devant lui !

ASSUR, *dans l'enfoncement à Cédar.*

Me trompai-je , Arzace à Babylone ?
Sans mon ordre ! qui ? lui ! tant d'audace m'étonne.

ARZACE,

Quel orgueil !

ASSUR.

Approchez ; quels intérêts nouveaux ,
Vous font abandonner vos camps & vos drapeaux ?
Des rives de l'Oxus , quel sujet vous amene ,

ARZACE.

Mes services , Seigneur , & l'ordre de la Reine.

ASSUR,

Quoi ! la Reine vous mande ?

ARZACE.

Oui.

ASSUR,

Mais sçavez-vous bien
Que pour avoir son ordre on demande le mien ?

ARZACE.

Je l'ignorois , Seigneur , & j'aurois pensé même
Blesser , en le croyant, l'honneur du diadême.
Pardonnez , un soldat est mauvais courtisan.
Nourri dans la Scytie , aux plaines d'Arbazan ,
J'ai pû servir la Cour & non pas la connaître.

ASSUR.

L'âge , le tems , les lieux vous l'apprendront peut-être ;
Mais ici par moi seul , aux pieds du trône admis ;
Que venez-vous chercher près de Sémiramis ?

ARZACE.

J'ose lui demander le prix de mon courage ,
L'honneur de la servir.

ASSUR,

Vous osez davantage :
Vous ne m'expliquez pas vos vœux présomptueux ;
Je sçai pour Azéma vos desseins & vos feux.

ARZACE.

Je l'adore, sans doute, & son cœur où j'aspire,
Est d'un prix à mes yeux au-dessus de l'empire,
Et mes profonds respects, mon amour...

ASSUR.

Arrêtez.

Vous ne connaissez pas à qui vous insultez.
Qui ! vous ? associer la race d'un Sarmate
Au sang des demi-Dieux du Tigre & de l'Euphrate ?
Je veux bien par pitié vous donner un avis ;
Si vous osez porter jusqu'à Sémiramis,
L'injurieux aveu que vous osez me faire,
Vous m'avez entendu, frémissez témeraire :
Mes droits impunément ne sont pas offensés,

ARZACE.

J'y cours de ce pas même, & vous m'enhardissez :
C'est l'effet que sur moi fit toûjours la menace.
Quels que soient en ces lieux les droits de votre place,
Vous n'avez pas celui d'outrager un soldat,
Qui servit & la Reine, & vous-même, & l'Etat.
Je vous parais hardi, mon feu peut vous déplaire ;
Mais vous me paraissez cent fois plus téméraire,
Vous qui sous votre joug prétendant m'accabler,
Vous croyez assez grand pour m'avoir fait trembler.

ASSUR.

Pour vous punir peut-être : & je vais vous apprendre,
Quel prix de tant d'audace un sujet doit attendre.

ARZACE.

Tous deux nous l'apprendrons.

SCENE V.

SE'MIRAMIS *parait dans le fond , appuyée sur ses*
femmes : OTANE *son confident va au-devant d'As-*
sur. ASSUR, ARZACE, MITRANE.

OTANE.

Seigneur , quittez ces lieux ,
La Reine en ce moment se cache à tous les yeux ;
Respectez les douleurs de son ame éperduë !
Dieux retirez la main sur sa tête étenduë !

ARZACE.

Que je la plains !

ASSUR, *à l'un des siens.*

Sortons ; & sans plus consulter ,
De ce trouble inoüi songeons à profiter.

SE'MIRAMIS, *avance sur la scene.*
OTANE, *revenant à Sémiramis.*

O Reine , rappellez votre force première ,
Que vos yeux sans horreur s'ouvrent à la lumiére.

SE'MIRAMIS.

O voiles de la mort , quand viendrez-vous couvrir
Mes yeux remplis de pleurs , & lassés de s'ouvrir ?

Elle marche éperduë sur la scene,
croyant voir l'ombre de Ninus.

Abîmes fermez-vous , fantôme horrible arrête :
Frappe , ou cesse à la fin de menacer ma tête ;
Arzace est-il venu ?

OTANE.

Madame , en cette Cour ,
Arzace auprès du temple a devancé le jour.

SE'MIRAMIS.

Cette voix formidable, infernale, ou céleste,
Qui dans l'ombre des nuits pousse un cri si funeste,
M'avertit que le jour qu'Arzace doit venir,
Mes douloureux tourmens seront prêts à finir.

OTANE.

Au sein de ces horreurs goutez donc quelque joye,
Espérez dans ces Dieux, dont le bras se déploye.

SE'MIRAMIS.

Arzace est dans ma Cour !.. ah ! je sens qu'à son nom,
L'horreur de mon forfait trouble moins ma raison.

OTANE.

Perdez-en pour jamais l'importune mémoire ;
Que de Sémiramis les beaux jours pleins de gloire
Effacent ce moment heureux ou malheureux,
Qui d'un fatal Hymen brisa le joug affreux.
Ninus en vous chassant de son lit & du trône,
En vous perdant, Madame, eut perdu Babylone.
Pour le bien des mortels vous prévintes ses coups,
Babylone & la terre avoient besoin de vous ;
Et quinze ans de vertus & de travaux utiles,
Les arides déserts par vous rendus fertiles,
Les sauvages humains soûmis au frein des loix,
Les arts dans nos cités naissans à votre voix,
Ces hardis monumens que l'univers admire,
Les acclamations de ce puissant Empire,
Sont autant de témoins, dont le cri glorieux
A déposé pour vous au tribunal des Dieux.
Enfin, si leur justice emportoit la balance,
Si la mort de Ninus excitoit leur vengeance,
D'où vient qu'Assur ici brave en paix leur courroux ?
Assur fut en effet plus coupable que vous ;
Sa main, qui prépara le breuvage homicide,
Ne tremble point pourtant, & rien ne l'intimide.

SE'MIRAMIS.

Nos deſtins, nos devoirs étoient trop différens,
Plus les nœuds ſont ſacrés ; plus les crimes ſont grands.
J'étois épouſe, Otane, & je ſuis ſans excuſe ;
Devant les Dieux vengeurs mon déſeſpoir m'accuſe.
J'avois crû que ces Dieux juſtement offenſés,
En m'arrachant mon fils, m'avoient punie aſſez ;
Que tant d'heureux travaux rendoient mon diadême,
Ainſi qu'au monde entier, reſpectable au ciel même.
Mais depuis quelques mois ce ſpectre furieux
Vient affliger mon cœur, mon oreille, mes yeux ;
Je me traîne à la tombe où je ne puis deſcendre,
J'y révére de loin cette fatale cendre ;
Je l'invoque en tremblant : des ſons, des cris affreux,
De longs gémiſſemens répondent à mes vœux.
D'un grand événement je me vois avertie,
Et peut-être il eſt tems que le crime s'expie.

O T A N E.

Mais eſt-il aſſuré que ce ſpectre fatal
Soit en effet ſorti du ſéjour infernal ;
Souvent de ſes erreurs notre ame eſt obſédée,
De ſon ouvrage même elle eſt intimidée,
Croit voir ce qu'elle craint, & dans l'horreur des nuits
Voit enfin les objets qu'elle-même a produits.

SE'MIRAMIS.

Je l'ai vû ; ce n'eſt point une erreur paſſagère
Qu'enfante du ſommeil la vapeur menſongère ;
Le ſommeil à mes yeux refuſant ſes douceurs,
N'a point ſur mes eſprits répandu ſes erreurs.
Je veillois, je penſois au ſort qui me menace,
Lorſqu'au bord de mon lit j'entens nommer Arzace.
Ce nom me raſſuroit ; tu ſçais quel eſt mon cœur,
Aſſur depuis un tems l'a pénétré d'horreur.
Je frémis quand il faut ménager mon complice ;
Rougir devant ſes yeux eſt mon premier ſupplice :

Et je détefte en lui cet avantage affreux
Que lui donne un forfait qui nous unit tous deux.
Je voudrois.. mais faut-il dans l'état qui m'opprime,
Par un crime nouveau punir fur lui mon crime !
Je demandois Arzace, afin de l'oppofer
Au complice odieux qui penfe m'impofer ;
Je m'occupois d'Arzace, & j'étois moins troublée.

Dans ces momens de paix qui m'avoient confolée,
Ce miniftre de mort a reparu foudain,
Tout dégoutant de fang & le glaive à la main :
Je crois le voir encor, je crois encor l'entendre.
Vient-il pour me punir, vient-il pour me défendre ?
Arzace au moment même arrivoit dans ma Cour,
Le Ciel à mon repos a refervé ce jour ;
Cependant toute en proye au trouble qui me tuë,
La paix ne rentre point dans mon ame abatuë.
Je paffe à tout moment de l'efpoir à l'effroi,
Le fardeau de la vie eft trop pefant pour moi.
Mon trône m'importune, & ma gloire paffée
N'eft qu'un nouveau tourment de ma trifte penfée.

J'ai nourri mes chagrins fans les manifefter ;
Ma peur m'a fait rougir. J'ai craint de confulter
Ce Mage révéré que chérit Babylone,
D'avilir devant lui la majefté du trône,
De montrer une fois en préfence du Ciel,
Sémiramis tremblante aux regards d'un mortel.
Mais j'ai fait en fecret, moins fiere ou plus hardie,
Confulter Jupiter aux fables de Libie,
Comme fi loin de nous, le Dieu de l'univers
N'eût mis la vérité qu'au fonds de ces déferts ?
Le Dieu qui s'eft caché dans cette fombre enceinte
A reçû dès long-tems mon hommage & ma crainte ;
J'ai comblé fes autels & de dons & d'encens.
Répare-t'on le crime, hélas, par des préfens ?
De Memphis aujourdhui j'attens une réponfe.

SCENE VI.

SE'MIRAMIS, OTANE, MITRANE.

MITRANE.

AUx portes du palais en secret on annonce,
Un Prêtre de l'Egypte, arrivé de Memphis.

SE'MIRAMIS.

Je verrai donc mes maux ou comblés ou finis.
Allons, cachons sur-tout au reste de l'Empire,
Le trouble humiliant dont l'horreur me déchire,
Et qu'Arzace à l'instant à mon ordre rendu,
Puisse apporter le calme à ce cœur éperdu.

Fin du premier Acte.

ACTE

ACTE II.

SCENE PREMIERE.

ARZACE, AZE'MA.

AZE'MA.

ARzace écoutez-moi ; cet Empire indompté
Vous doit son nouveau lustre , & moi ma li-
berté.
Quand les Scites vaincus réparant leurs défaites ,
S'élancèrent sur nous de leurs vastes retraites ,
Quand mon pere en tombant me laissa dans leurs fers ;
Vous seul portant la foudre au fonds de leurs déserts ,
Brisâtes mes liens , remplîtes ma vengeance.
Je vous dois tout. Mon cœur en est la récompense :
Je ne serai qu'à vous ; mais notre amour nous perd.
Votre cœur généreux trop simple & trop ouvert ,
A cru qu'en cette Cour ainsi qu'en votre armée ,
Suivi de vos exploits & de la renommée ,
Vous pouviez déployer, sincere impunément,
La fierté d'un héros & le cœur d'un amant.
Vous outragez Assur , vous devez le connaître ,
Vous ne pouvez le perdre , il menace , il est maître ;
Il abuse en ces lieux de son pouvoir fatal ;
Il est inéxorable... il est votre rival.

D

ARZACE.

Il vous aime ! qui ! lui ?

AZE'MA.

Ce cœur sombre & farouche,
Qui hait toute vertu, qu'aucun charme ne touche,
Ambitieux, esclave, & tiran tour à tour,
S'est-il flatté de plaire, & connaît-il l'amour ?
Des Rois assyriens comme lui descenduë,
Et plus près de ce trône, où je suis attenduë,
Il pense en m'immolant à ses secrets desseins,
Appuyer de mes droits, ses droits trop-incertains.
Pour moi si Ninias, à qui dès sa naissance,
Ninus m'avoit donnée aux jours de mon enfance,
Si l'héritier du scéptre à moi seule promis,
Voyoit encor le jour près de Sémiramis,
S'il me donnoit son cœur, avec le rang suprême,
J'en atteste l'amour, j'en jure par vous-même,
Ninias me verroit préférer aujourdhui
Un exil avec vous, à ce trône avec lui.
Les campagnes du Scite, & ses climats stériles,
Pleins de votre grand nom, sont d'assez doux aziles.
Le sein de ces deserts, où nâquit notre amour,
Est pour moi Babylone, & deviendra ma Cour.
Peut-être l'ennemi, que cet amour outrage,
A ce doux châtiment ne borne point sa rage.
J'ai démêlé son ame, & j'en vois la noirceur ;
Le crime, ou je me trompe, étonne peu son cœur.
Votre gloire déja lui fait assez d'ombrage ;
Il vous craint, il vous haït :

ARZACE.

Je le haïs davantage,
Mais je ne le crains pas, étant aimé de vous.
Conservez vos bontés, je brave son couroux.
La Reine entre nous deux tient au moins la balance.
Je me suis vû d'abord admis en sa présence.

Elle m'a fait fentir, à ce premier accuëil,
Autant d'humanité, qu'Affur avoit d'orguëil ;
Et relevant mon front, profterné vers fon trône,
M'a vingt fois appellé l'appui de Babylone.
Je m'entendois flatter, de cette augufte voix,
Dont tant de Souverains ont adoré les loix ;
Je la voyois franchir cet immenfe intervalle,
Qu'a mis entre elle & moi, la majefté royale.
Que j'en étois touché, quelle étoit à mes yeux
La mortelle après vous, la plus femblable aux Dieux !

A Z E' M A.

Si la Reine eft pour nous, Affur en vain menace,
Je ne crains rien.

A R Z A C E.

J'allois plein d'une noble audace
Mettre à fes pieds mes vœux jufqu'à vous élevés,
Qui révoltent Affur, & que vous approuvez.
Un Prêtre de l'Egypte approche au moment même,
Des oracles d'Ammon, portant l'ordre fuprême.
Elle ouvre le billet d'une tremblante main,
Fixe les yeux fur moi, les détourne foudain,
Laiffe couler des pleurs, interdite, éperduë,
Me regarde, foupire, & s'échape à ma vûe.
On dit qu'au défefpoir fon grand cœur eft réduit,
Que la terreur l'accable, & qu'un Dieu la pourfuit.
Je m'attendris fur elle ; & je ne puis comprendre,
Qu'après plus de quinze ans, foigneux de la défendre,
Le Ciel la perfécute & paraiffe outragé.
Qu'a-t'elle fait aux Dieux, d'où vient qu'ils ont changé ?

A Z E' M A.

On ne parle en effet que d'augures funeftes,
De manes en couroux, de vengeances céleftes.
Sémiramis troublée a femblé quelques jours,
Des foins de fon Empire abandonner le cours,
Et j'ai tremblé qu'Affur en ces jours de trifteffe,

D 2

Du palais effrayé n'accablât la faibleſſe.
Mais la Reine a paru ; tout s'eſt calmé ſoudain,
Tout a ſenti le poids du pouvoir ſouverain.
Si déja de la Cour mes yeux ont quelque uſage ,
La Reine hait Aſſur , l'obſerve , le ménage :
Ils ſe craignent l'un l'autre , & tout prêts d'éclater ,
Quelque intérêt ſecret ſemble les arrêter.
J'ai vû Sémiramis à ſon nom courroucée :
La rougeur de ſon front trahiſſoit ſa penſée ,
Son cœur paraiſſait plein d'un long reſſentiment ;
Mais ſouvent à la Cour tout change en un moment.
Retournez & parlez.

ARZACE.

J'obéïs. Mais j'ignore ,
Si je puis à ſon trône être introduit encore.

AZE'MA.

Ma voix ſecondera mes vœux & votre eſpoir ,
Je fais de vous aimer ma gloire & mon devoir.
Que de Sémiramis on adore l'empire ,
Que l'Orient vaincu la reſpecte & l'admire ,
Dans mon triomphe heureux j'envierai peu les ſiens.
Le monde eſt à ſes pieds , mais Arzace eſt aux miens.
Allez. Aſſur paraît.

ARZACE.

Qui ! ce traite ! à ſa vûë ,
D'une invincible horreur je ſens mon ame émuë.

SCENE II.

ASSUR, ARZACE, AZE'MA.

ASSUR, *à Arzace.*

UN accueil que des Rois ont vainement brigué,
Quand vous avez paru, vous eft donc prodigué,
Vous avez en fecret entretenu la Reine ;
Mais vous a-t'elle dit que votre audace vaine
Eft un outrage au trône, à mon honneur, au fien ;
Que le fort d'Azéma ne peut s'unir qu'au mien ;
Qu'à Ninias jadis Azéma fut donnée ;
Qu'aux feuls enfans des Rois fa main eft deftinée ;
Que du fils de Ninus le droit m'eft affuré ;
Qu'entre le trône & moi je ne vois qu'un dégré ?
La Reine a-t'elle enfin daigné du moins vous dire,
Dans quel piége en ces lieux votre orgüeil vous attire,
Et que tous vos refpects ne pourront effacer
Les téméraires vœux qui m'ofoient offenfer ?

ARZACE.

Inftruit à refpecter le fang qui vous fit naître,
Sans redouter en vous l'autorité d'un maître,
Je fais ce qu'on vous doit, furtout en ces climats,
Et je m'en fouviendrois fi vous n'en parliez pas.
Vos ayeux, dont Bélus a fondé la nobleffe,
Sont votre premier droit au cœur de la Princeffe.
Vos intérêts préfens, le foin de l'avenir,
Le befoin de l'Etat, tout femble vous unir.
Moi, contre tant de droits qu'il me faut reconnaître,
J'ofe en oppofer un qui les vaut tous peut-être :
J'aime ; & j'ajoûterois, Seigneur, que mon fecours
A vengé fes malheurs, a défendu fes jours,

D 3

A soutenu ce trône où son destin l'appelle ,
Si j'osois comme vous , me vanter devant elle.
Je vais remplir son ordre à mon zéle commis :
Je n'en reçois que d'elle & de Sémiramis.
L'Etat peut quelque jour être en votre puissance ;
Le Ciel donne souvent des Rois dans sa vengeance :
Mais il vous trompe au moins dans l'un de vos projets,
Si vous comptez Arzace au rang de vos sujets.

ASSUR.

Tu combles la mesure , & tu cours à ta perte.

SCENE III.

ASSUR, AZE'MA.

ASSUR.

Madame, son audace est trop long-tems soufferte.
Mais puis-je en liberté m'expliquer avec vous
Sur un sujet plus noble & plus digne de nous ?

AZE'MA.

En est-il ? mais parlez.

ASSUR.

Bientôt l'Asie entière
Sous vos pas & les miens , ouvre une autre carrière :
Les faibles intérêts doivent peu nous frapper ;
L'univers nous appelle & va nous occuper.
Sémiramis n'est plus que l'ombre d'elle-même,
Le Ciel semble abaisser cette grandeur suprême ;
Cet astre si brillant , si long-tems respecté ,
Penche vers son déclin sans force & sans clarté.
On le voit , on murmure , & déja Babylone
Demande à haute voix un héritier du trône.
Ce mot en dit assez ; vous connaissez mes droits ,

Ce n'eſt point à l'amour à nous donner des Rois.
Non, qu'à tant de beautés mon ame inacceſſible,
Se faſſe une vertu de paraître inſenſible ;
Mais pour vous & pour moi, j'aurois trop à rougir,
Si le ſort de l'état dépendoit d'un ſoupir.
Un ſentiment plus digne, & de l'un & de l'autre,
Doit gouverner mon ſort & commander au votre ;
Vos ayeux ſont les miens, & nous les trahiſſons,
Nous perdons l'univers ſi nous nous diviſons.
Je peux vous étonner : cet auſtère langage
Effarouche aiſément les graces de votre âge ;
Mais je parle aux Héros, aux Rois dont vous ſortez,
A tous ces demi-Dieux que vous repréſentez.
Long-tems foulant aux pieds leur grandeur & leur
  cendre,
Uſurpant un pouvoir où nous devons prétendre,
Donnant aux nations, ou des loix ou des fers,
Une femme impoſa ſilence à l'univers.
De ſa grandeur qui tombe affermiſſez l'ouvrage ;
Elle eut votre beauté, poſſédez ſon courage,
L'amour à vos genoux ne doit ſe préſenter,
Que pour vous rendre un ſceptre, & non pour vous
  l'ôter.
C'eſt ma main qui vous l'offre ; & du moins je me
  flate,
Que vous n'immolez pas à l'amour d'un Sarmate,
La majeſté d'un nom qu'il vous faut reſpecter,
Et le trône du monde où vous devez monter.

    A Z E' M A.

Repoſez-vous ſur moi ſans inſulter Arzace,
Du ſoin de maintenir la ſplendeur de ma race.
Je défendrai, ſurtout quand il en ſera tems,
Les droits que m'ont tranſmis les Rois dont je deſcends.
Je connais nos ayeux : mais après tout j'ignore,
Si parmi ces héros que l'Aſſyrie adore,

      D 4

Il en eſt un plus grand , plus cheri des humains ,
Que ce même Sarmate objet de vos dedains.
Aux vertus , croyez-moi , rendez plus de juſtice ;
Pour moi quand il faudra que l'hymen m'aſſerviſſe ,
C'eſt à Sémiramis à faire mes deſtins ,
Et j'attendrai , Seigneur , un maître de ſes mains.
J'écoute peu ces bruits que le peuple répéte ,
Echos tumultueux d'une voix plus ſecréte ;
J'ignore ſi vos chefs , aux révoltes pouſſés ,
De ſervir une femme , en ſecret ſont laſſés.
Je les vois à ſes pieds baiſſer leur tête altiére ,
Ils peuvent murmurer , mais c'eſt dans la pouſſière.
Les Dieux , dit-on , ſur elle ont étendu leurs bras.
J'ignore ſon offenſe , & je ne penſe pas ,
Si le Ciel a parlé , Seigneur , qu'il vous choiſiſſe ,
Pour annoncer ſon ordre & ſervir ſa juſtice.
Elle régne en un mot. Et vous qui gouvernez ,
Vous prenez à ſes pieds les loix que vous donnez ;
Je ne connais ici que ſon pouvoir ſuprême ,
Ma gloire eſt d'obéïr , obéïſſez de même.

SCENE IV.

ASSUR, CEDAR.

ASSUR.

OBéïr ! ah ! ce mot fait trop rougir mon front ;
J'en ai trop dévoré l'inſuportable affront.
Parle , as-tu réüſſi ? ces ſemences de haine ,
Que nos ſoins en ſecret cultivoient avec peine ,
Pourront-elles porter , au gré de ma fureur ,
Les fruits que j'en attends de diſcorde & d'horreur ?

CEDAR.

J'ose espérer beaucoup. Le peuple enfin commence
A sortir du respect & de ce long silence,
Où le nom, les exploits, l'art de Sémiramis
Ont enchaîné les cœurs étonnés & soumis.
On veut un successeur au trône d'Assirie :
Et quiconque, Seigneur, aime encor la patrie,
Ou qui gagné par moi se vante de l'aimer,
Dit qu'il nous faut un maître, & qu'il faut vous
    nommer.

ASSUR.

Chagrins toûjours cuisants ! honte toûjours nouvelle ;
Quoi ! ma gloire, mon rang, mon destin dépend d'elle !
Quoi ! j'aurai fait mourir & Ninus & son fils !
Pour ramper le premier devant Sémiramis,
Pour languir dans l'éclat d'une illustre disgrace,
Près du trône du monde à la seconde place !
La Reine se bornoit à la mort d'un époux ;
Mais j'étendis plus loin ma fureur & mes coups :
Ninias en secret privé de la lumiére,
Du trône où j'aspirois, m'entrouvroit la barrière,
Quand sa puissante main la ferma sous mes pas.
C'est en vain que flâtant l'orgueil de ses appas,
J'avois cru chaque jour prendre sur sa jeunesse
Cet heureux ascendant que les soins, la souplesse,
L'attention, le tems, savent si bien donner
Sur un cœur sans dessein, facile à gouverner ;
Je connus mal cette ame inflexible & profonde ;
Rien ne la pût toucher que l'empire du monde.
Elle en parut trop digne ; il le faut avoüer :
Je suis dans mes fureurs contraint à la loüer.
Je la vis retenir dans ses mains assurées,
De l'Etat chancelant, les rênes égarées,
Appaiser le murmure, étouffer les complots,
Gouverner en Monarque, & combattre en Héros.

Je la vis captiver & le peuple & l'armée ;
Ce grand art d'impofer même à la renommée ;
Fut l'art qui fous fon joug enchaîna les efprits :
L'univers à fes pieds demeure encor furpris.
Que dis-je ? fa beauté, ce flâteur avantage,
Fit adorer les loix qu'impofa fon courage ;
Et quand dans mon dépit j'ai voulu confpirer,
Mes amis confternés n'ont fçu que l'admirer.
Mais le charme eft rompu, ce grand pouvoir chancelle,
Son génie égaré femble s'éloigner d'elle.
Un vain remords la trouble, & fa credulité
A depuis quelque tems en fecret confulté
Ces oracles menteurs d'un temple méprifable,
Que les fourbes d'Egypte ont rendu vénérable.
Son encens & fes vœux fatiguent les autels :
Elle devient femblable au refte des mortels :
Elle a connu la crainte ; & j'ai vû fa faibleffe.
Je ne puis m'élever, qu'autant qu'elle s'abaiffe :
De Babylone au moins, j'ai fait parler la voix.
Sémiramis enfin va céder une fois.
Ce premier coup porté, fa ruine eft certaine.
Me donner Azéma, c'eft ceffer d'être Reine ;
Ofer me refufer, fouléve fes Etats ;
Et de tous les côtés le piége eft fous fes pas.
Mais peut-être après tout ; quand je crois la fur-
prendre,
J'ai laffé ma fortune à force de l'attendre.

CEDAR.

Si la Reine vous céde & nomme un héritier,
Affur de fon deftin peut-il fe défier ?
De vous & d'Azéma, l'union defirée
Rejoindra de nos Rois la tige féparée.
Tout vous porte à l'Empire, & tout parle pour vous

ASSUR.

Pour Azéma, fans doute, il n'eft point d'autre épou

Mais pourquoi de si loin faire venir Arzace ?
Elle a favorisé son insolente audace.
Tout prêt à le punir je me vois retenu
Par cette même main dont il est soutenu.
Prince, mais sans sujets, Ministre, & sans puissance,
Environné d'honneurs, & dans la dépendance,
Tout m'afflige, une amante, un jeune audacieux,
Des Prêtres consultés, qui font parler leurs Dieux.
Sémiramis enfin toujours en défiance,
Qui me ménage à peine, & qui craint ma présence !
Nous verrons si l'ingrate, avec impunité,
Ose pousser à bout un complice irrité.

Il veut sortir.

SCENE V.

ASSUR, OTANE, CEDAR.

OTANE.

SEigneur, Sémiramis vous ordonne d'attendre,
Elle veut en secret vous voir & vous entendre,
Et de cet entretien qu'aucun ne soit témoin.

ASSUR.

A ses ordres sacrés j'obéis avec soin,
Otane, & j'attendrai sa volonté suprême.

SCENE VI.

ASSUR, CEDAR.

ASSUR.

EH ! d'où peut donc venir ce changement extrême ?
Depuis près de trois mois , je lui semble odieux ;
Mon aspect importun lui fait baisser les yeux ;
Toûjours quelque témoin nous voit & nous écoute ;
De nos froids entretiens , qui lui pesent sans doute ,
Ses soudaines frayeurs interrompent le cours ,
Son silence souvent répond à mes discours ;
Que veut-elle me dire ! ou que veut-elle apprendre ?
Elle avance vers nous ; c'est elle. Va m'attendre.

SCENE VII.

SE'MIRAMIS, ASSUR.

SE'MIRAMIS.

SEigneur , il faut enfin que je vous ouvre un cœur ,
Qui long-tems devant vous dévora sa douleur.
J'ai gouverné l'Asie & peut-être avec gloire ;
Peut-être Babylone , honorant ma mémoire ,
Mettra Sémiramis à côté des grands Rois.
Vos mains de mon Empire ont soutenu le poids ,
Par tout victorieuse , absoluë , adorée ,
De l'encens des humains je vivois enivrée :
Tranquille , j'oubliai , sans crainte & sans ennuis ,
Quel dégré m'éleva dans ce rang où je suis.

Des Dieux dans mon bonheur j'oubliai la justice.
Elle parle , je céde , & ce grand édifice ,
Que je crus à l'abri des outrages du tems,
Veut être rafermi jusqu'en ses fondemens.

A S S U R.

Madame, c'est à vous d'achever votre ouvrage ,
De commander au tems , de prévoir son outrage.
Qui pourroit obscurcir des jours si glorieux ?
Quand la terre obéït , que craignez-vous des Dieux ?

SE'MIRAMIS.

La cendre de Ninus repose en cette enceinte ;
Et vous me demandez le sujet de ma crainte ?
Vous !

A S S U R.

Je vous avoüerai que je suis indigné ,
Qu'on se souvienne encor , si Ninus a regné.
Craint-on après quinze ans ses manes en colère ?
Ils se seroient vengés , s'ils avoient pû le faire.
D'un éternel oubli ne tirez point les morts.
Je suis épouvanté , mais c'est de vos remords.
Ah ! ne consultez point d'oracles inutiles :
C'est par la fermeté qu'on rend les Dieux faciles.
Ce fantôme inoüi , qui paraît en ce jour ,
Qui nâquit de la crainte , & l'enfante à son tour ,
Peut-il vous effrayer par tous ses vains prestiges ?
Pour qui ne les craint point , il n'est point de prodiges:
Ils sont l'appas grossier des peuples ignorans ,
L'invention du fourbe , & le mépris des grands.
Mais si quelque intérêt , plus noble & plus solide ,
Eclaire votre esprit qu'un vain trouble intimide ,
S'il vous faut de Bélus éterniser le sang ,
Si la jeune Azéma prétend à ce haut rang...

SE'MIRAMIS.

Je viens vous en parler. Ammon & Babylone
Demandent sans détour un héritier du trône.

Il faut que de mon sceptre on partage le faix ,
Et le peuple & les Dieux vont être satisfaits.
Vous le savez assez , mon superbe courage
S'étoit fait une loi de regner sans partage :
Je tins sur mon hymen l'univers en suspens ;
Et quand la voix du peuple , à la fleur de mes ans ,
Cette voix qu'aujourdhui le Ciel même seconde,
Me pressoit de donner des Souverains au monde ,
Si quelqu'un pût prétendre au nom de mon Epoux,
Cet honneur , je le sais , n'appartenoit qu'à vous.
Vous deviez l'espérer ; mais vous pûtes connaître
Combien Sémiramis craignoit d'avoir un maître ;
Je vous fis , sans former un lien si fatal ,
Le second de la terre , & non pas mon égal ,
C'étoit assez , Seigneur , & j'ai l'orgüeil de croire
Que ce rang auroit pû suffire à votre gloire.
Le Ciel me parle enfin , j'obéis à sa voix ;
Ecoutez son oracle , & recevez mes loix.
,, Babylone doit prendre une face nouvelle ,
,, Quand d'un second hymen allumant le flambeau ,
,, Mere trop malheureuse , épouse trop cruelle ,
,, Tu calmeras Ninus au fond de son tombeau.
C'est ainsi que des Dieux l'ordre éternel s'explique.
Je connais vos desseins & votre politique ,
Vous voulez dans l'Etat vous former un parti ;
Vous m'opposez le sang dont vous êtes sorti ;
De vous & d'Azéma mon successeur peut naître ,
Vous briguez cet hymen , elle y prétend peut-être.
Mais moi , je ne veux pas que vos droits & les siens ,
Ensemble confondus , s'arment contre les miens :
Telle est ma volonté , constante , irrévocable.
C'est à vous de juger si le Dieu qui m'accable
A laissé quelque force à mes sens interdits ,
Si vous reconnaissez encor Sémiramis ,
Si je peux soutenir la majesté du trône

Je vais donner, Seigneur, un maître à Babylone ;
Mais foit qu'un fi grand choix honore un autre ou vous,
Je ferai fouveraine en prenant un époux.
Affemblez feulement les Princes & les Mages,
Qu'ils viennent à ma voix joindre ici leurs fuffrages ;
Le don de mon Empire & de ma liberté
Eft l'acte le plus grand de mon autorité.
Loin de le prévenir qu'on l'attende en filence.
Le Ciel à ce grand jour attache fa clémence ;
Tout m'annonce des Dieux qui daignent fe calmer,
Mais c'eft le répentir qui doit les défarmer ;
Croyez-moi, les remords, à vos yeux méprifables,
Sont la feule vertu qui refte à des coupables ;
Je vous parais timide & faible, déformais
Connaiffez la faibleffe, elle eft dans les forfaits.
Cette crainte n'eft pas honteufe au diadême,
Elle convient aux Rois, & fur-tout à vous-même ;
Et je vous apprendrai qu'on peut fans s'avilir
S'abaiffer fous les Dieux, les craindre & les fervir.

S C E N E   V I I I.

A S S U R feul.

Quels difcours étonnans ! quels projets ! quel
    langage !
Eft-ce crainte, artifice, ou faibleffe, ou courage?
Prétend-elle en cédant raffermir fes deftins ;
Et s'unit-elle à moi pour tromper mes deffeins?
A l'himen d'Azéma je ne dois point prétendre !
C'eft m'affurer du fien que je dois feul attendre.
Ce que n'ont pû mes foins & nos communs forfaits,
L'hommage dont jadis je flattai fes attraits,
Mes brigues, mon dépit, la crainte de fa chute,

Un oracle d'Egypte , un songe l'exécute?
Quel pouvoir inconnu gouverne les humains !
Que de faibles ressorts font d'illustres destins !
Doutons encor de tout , voyons encor la Reine.
Sa résolution me paraît trop soudaine ,
Trop de soins , à mes yeux , paraissent l'occuper ,
Et qui change aisément , est faible , ou veut tromper.

Fin du second Acte.

ACTE

ACTE III.

SCENE PREMIERE.

SEMIRAMIS, OTANE.

Le théâtre repréſente un cabinet du palais.

SE'MIRAMIS.

Otane, qui l'eût crû, que les Dieux en colere
Me tendoient en effet une main ſalutaire ;
Qu'ils ne m'épouvantoient que pour ſe déſarmer ?
Ils ont ouvert l'abîme & l'ont daigné fermer ,
C'eſt la foudre à la main qu'ils m'ont donné ma grace,
Ils ont changé mon ſort : ils ont conduit Arzace ;
Ils veulent mon himen ; ils veulent expier
Par ce lien nouveau , les crimes du premier
Non ; je ne doute plus que des cœurs ils diſpoſent :
Le mien vole au-devant de la loi qu'ils m'impoſent.
Arzace ! c'en eſt fait , je me rends , & je voi
Que tu devois régner ſur le monde & ſur moi.

OTANE.

Arzace ! Lui ?

SE'MIRAMIS.

Tu ſais qu'aux plaines de Scitie ,
Quand je vangeois la Perſe , & ſubjuguois l'Aſie ,
Ce héros , [ſous ſon pere il combattoit alors]

E

Ce héros entouré de captifs & de morts,
M'offrit, en rougiffant, de fes mains triomphantes,
Des ennemis vaincus les dépoüilles fanglantes :
A fon premier afpeᵭt tout mon cœur étonné
Par un pouvoir fecret fe fentit entraîné ;
Je n'en pûs affaiblir le charme inconcevable ;
Le refte des mortels me fembla méprifable ;
Affur qui m'obfervoit ne fut que trop jaloux :
Dès lors le nom d'Arzace aigriffoit fon couroux :
Mais l'image d'Arzace occupa ma penfée,
Avant que de nos Dieux la main me l'eut tracée,
Avant que cette voix qui commande à mon cœur,
Me défignât Arzace, & nommât mon vainqueur.

OTANE.

C'eft beaucoup abaiffer ce fuperbe courage
Qui des maîtres du Gange a dédaigné l'hommage,
Qui n'écoutant jamais de faibles fentimens,
Veut des Rois pour fujets, & non pas pour amans.
Vous avez méprifé jufqu'à la beauté même,
Dont l'empire accroiffoit votre empire fuprême :
Et vos yeux fur la terre exerçoient leur pouvoir,
Sans que vous daignaffiez vous en appercevoir.
Quoi, de l'amour enfin connaiffez-vous les charmes,
Et pouvez-vous paffer de çes fombres allarmes
Au tendre fentiment qui vous parle aujourdhui ?

SE'MIRAMIS.

Non, ce n'eft point l'amour qui m'entraîne vers lui :
Mon ame par les yeux ne peut être vaincuë.
Ne crois pas qu'à ce point de mon rang defcenduë,
Ecoutant dans mon trouble un charme fuborneur,
Je donne à la beauté le prix de la valeur ;
Je crois fentir du moins de plus nobles tendreffes.
Malheureufe ! eft-ce à moi d'éprouver des faibleffes !
De connaître l'amour & fes fatales loix !
Otane, que veux-tu : je fus mere autrefois ;

Mes malheureuses mains à peine cultiverent
Ce fruit d'un triste hymen que les Dieux m'enleverent.
Seule en proïe aux chagrins qui venoient m'allarmer,
N'ayant autour de moi, rien que je pusse aimer,
Sentant ce vuide affreux de ma grandeur suprême,
M'arrachant à ma Cour & m'évitant moi-même,
J'ai cherché le repos dans ces grands monumens,
D'une ame qui se fuït trompeurs amusemens.
Le repos m'échappoit, je sens que je le trouve :
Je m'étonne en secret du charme que j'éprouve,
Arzace me tient lieu d'un époux & d'un fils,
Et de tous mes travaux & du monde soûmis.
Que je vous dois d'encens, ô puissance céleste,
Qui me forçant de prendre un joug jadis funeste,
Me préparez au nœud que j'avois abhorré
En m'embrasant d'un feu par vous-même inspiré !

O T A N E.

Mais vous avez prévû la douleur & la rage;
Dont va frémir Assur à ce nouvel outrage.
Car enfin il se flâte, & la commune voix
A fait tomber sur lui l'honneur de votre choix :
Il ne bornera pas son dépit à se plaindre.

S E' M I R A M I S.

Je ne l'ai point trompé, je ne veux pas le craindre;
J'ai sçû quinze ans entiers, quel que fut son projet,
Le tenir dans le rang de mon premier sujet;
A son ambition, pour moi toûjours suspecte,
Je prescrivis quinze ans les bornes qu'il respecte.
Je régnois seule alors, & si ma faible main
Mit à ses vœux hardis ce redoutable frein,
Que pourront désormais sa brigue & son audace
Contre Sémiramis unie avec Arzace ?
Oüi, je crois que Ninus content de mes remords,
Pour presser cet himen quitte le sein des morts,
Sa grande ombre en effet déja trop offensée,

Contre Sémiramis feroit trop courroucée ;
Elle verroit donner avec trop de douleur ,
Sa couronne & fon lit à fon empoifonneur :
Du fein de fon tombeau voilà ce qui l'appelle :
Les oracles d'Ammon s'accordent avec elle ;
La vertu d'Oroès ne me fait plus trembler :
Pour entendre mes loix je l'ai fait appeller ,
Je l'attends.

OTANE.

Son crédit , fon facré caractère
Peut appuyer le choix que vous prétendez faire.

SE'MIRAMIS.

Sa voix achevera de raffurer mon cœur.

OTANE.

Il vient,

SCENE II.

SE'MIRAMIS, OROE'S.

SE'MIRAMIS.

DE Zoroaftre augufte fuccefleur ,
Je vais nommer un Roi , vous couronnez fa tête ,
Tout eft-il préparé pour cette augufte fête ?

OROE'S.

Les Mages & les Grands attendent votre choix ;
Je remplis mon devoir & j'obéis aux Rois :
Le foin de les juger n'eft point notre partage ,
C'eft celui des Dieux feuls.

SE'MIRAMIS.

A ce fombre langage ,
On diroit qu'en fecret vous condamnéz mes vœux.

OROE'S.

Je ne les connais pas ; puiſſent-ils être heureux.

SE'MIRAMIS.

Mais vous interprêtez les volontés céleſtes.
Ces ſignes que j'ai vûs me ſeroient-ils funeſtes ?
Une ombre, un Dieu peut-être à mes yeux s'eſt montré,
Dans le ſein de la terre il eſt ſoudain rentré.
Quel pouvoir a briſé l'éternelle barrière
Dont le Ciel ſépara l'enfer & la lumière ?
D'où vient que les humains malgré l'arrêt du ſort,
Reviennent à mes yeux du ſéjour de la mort ?

OROE'S.

Du Ciel quand il le faut la juſtice ſuprême
Suſpend l'ordre éternel établi par lui-même :
Il permet à la mort d'interrompre ſes loix
Pour l'effroi de la terre & l'exemple des Rois.

SE'MIRAMIS.

Les oracles d'Ammon veulent un ſacrifice.

OROE'S.

Il ſe fera , Madame...

SE'MIRAMIS.

Eternelle juſtice ,
Qui liſez dans mon ame avec des yeux vengeurs ,
Ne la rempliſſez plus de nouvelles horreurs ,
De mon premier himen oubliez l'infortune !

à Oroès qui s'éloignoit.

Revenez.

OROE'S , *revenant.*

Je croyois ma préſence importune.

SE'MIRAMIS.

Répondez : ce matin aux pieds de vos Autels ,
Arzace a préſenté des dons aux Immortels.

OROE'S.

Oui, ces dons leur ſont chers , Arzace a ſçû leur
plaire.

SE'MIRAMIS.

Je le crois ; & ce mot me raſſure & m'éclaire,
Puis-je d'un ſort heureux me repoſer ſur lui ?

OROE'S.

Arzace de l'Empire eſt le plus digne appui ,
Les Dieux l'ont amené , ſa gloire eſt leur ouvrage.

SE'MIRAMIS.

J'accepte avec tranſport ce fortuné préſage ,
L'eſpérance & la paix reviennent me calmer ;
Allez ; qu'un pur encens recommence à fumer ;
De vos Mages , de vous , que la préſence auguſte,
Sur l'himen le plus grand , ſur le choix le plus juſte ,
Attirent de nos Dieux les regards ſouverains :
Puiſſent de cet Etat les éternels deſtins
Reprendre avec les miens une ſplendeur nouvelle !
Hâtez de ce beau jour la pompe ſolemnelle ,
Allez.

SCENE III.

SE'MIRAMIS, OTANE.

SE'MIRAMIS.

A Inſi le Ciel eſt d'accord avec moi ;
Je ſuis ſon interpréte , en choiſiſſant un Roi.
Que je vais l'étonner par le don d'un Empire !
Qu'il eſt loin d'eſpérer ce moment où j'aſpire !
Qu'Aſſur & tous les ſiens vont être humiliés !
Quand j'aurai dit un mot , la terre eſt à ſes pieds.
Combien à mes bontés il faudra qu'il réponde !
Je l'épouſe , & pour dot je lui donne le monde.
Enfin ma gloire eſt pure & je puis la gouter.

SCENE IV,

SE'MIRAMIS , OTANE , MITRANE.
Un Officier du Palais.

OTANE.

ARzace à vos genoux demande à se jetter ,
Daignez à ses douleurs accorder cette grace.

SE'MIRAMIS.

Quel chagrin près de moi peut occuper Arzace ?
De mes chagrins lui seul a dissipé l'horreur :
Qu'il vienne ; il ne sait pas ce qu'il peut sur mon cœur.
Vous dont le sang s'appaise , & dont la voix m'inspire ,
O manes redoutés , & vous Dieux de l'Empire ,
Dieux des Assyriens , de Ninus , de mon fils ,
Pour les favoriser , soyez tous réünis.
Quel trouble en le voyant m'a soudain pénétrée !

SCENE V.

SE'MIRAMIS , ARZACE,

ARZACE.

O Reine , à vous servir ma vie est consacrée ;
Je vous devois mon sang , & quand je l'ai versé ,
Puisqu'il coula pour vous , je fus recompensé.
Mon pere avoit joüi de quelque renommée ;
Mes yeux l'ont vû mourir , commandant votre armée :

E 4

Il a laissé ; Madame , à son malheureux fils
Des exemples frappans , peut-être mal suivis ;
Je n'ose devant vous rappeller la mémoire
Des services d'un pere , & de sa faible gloire ,
Qu'afin d'obtenir grace à vos sacrés genoux ,
Pour un fils téméraire & coupable envers vous ,
Qui de ses vœux hardis écoutant l'imprudence ,
Craint même en vous servant de vous faire une offense.

SÉMIRAMIS.

Vous m'offenser ! qui , vous ? ah ! ne le craignez pas.

ARZACE.

Vous donnez votre main , vous donnez vos Etats.
Sur ces grands intérêts , sur ce choix que vous faites ,
Mon cœur doit renfermer ses plaintes indiscrétes.
Je dois dans le silence , & le front prosterné ,
Attendre avec cent Rois qu'un Roi nous soit donné.
Mais d'Assur hautement le triomphe s'apprête ;
D'un pas audacieux il marche à sa conquête ;
Le peuple nomme Assur, il est de votre sang :
Puisse-t'il mériter & son nom & son rang ,
Mais enfin je me sens l'ame trop élevée ,
Pour adorer ici la main que j'ai bravée ,
Pour me voir écrasé de son orgüeil jaloux.
Souffrez que loin de lui , malgré moi , loin de vous ,
Je retourne aux climats où je vous ai servie ,
J'y suis assez puissant contre sa tyrannie ,
Si des bienfaits nouveaux dont j'ose me flâter...

SÉMIRAMIS.

Ah ! que m'avez - vous dit ? vous , fuir ? vous me
    quitter ?
Vous pourriez craindre Assur ?

ARZACE.

Non. Ce cœur téméraire
Craint dans le monde entier votre seule colère.
Peut-être avez-vous sçû mes désirs orgüeilleux ,

Votre indignation peut confondre mes vœux ,
Je tremble.

SE'MIRAMIS.

Efpérez tout ; je vous ferai connaître ,
Qu'Affur en aucun tems ne fera votre maître.

ARZACE.

Eh bien ! je l'avoüerai , mes yeux avec horreur
De votre époux en lui verroient le fucceffeur.
Mais s'il ne peut prétendre à ce grand hymenée ,
Verra-t'on à fes loix Azéma deftinée !
Pardonnez à l'excès de ma préfomption ,
Ne redoutez-vous point fa fourde ambition ?
Jadis à Ninias Azéma fut unie,
C'eft dans le même fang qu'Affur puifa la vie ,
Je ne fuis qu'un fujet , mais j'ofe contre lui. . .

SE'MIRAMIS.

Des fujets tels que vous font mon plus noble appui.
Je fai vos fentimens , votre ame peu commune
Chérit Sémiramis & non pas ma fortune ;
Sur mes vrais intérêts vos yeux font éclairés :
Je vous en fais l'arbitre & vous les foutiendrez.
D'Affur & d'Azéma je romps l'intelligence ;
J'ai prévû les dangers d'une telle alliance ;
Je fai tous fes projets , ils feront confondus.

ARZACE.

Ah ! puifqu'ainfi mes vœux font par vous entendus ,
Puifque vous avez lû dans le fond de mon ame. . .

AZE'MA , *arrive avec précipitation.*

Reine , j'ofe à vos pieds.

SE'MIRAMIS , *rélevant Azéma.*

Raffurez-vous , Madame ,
Quel que foit mon époux , je vous garde en ces lieux
Un fort & des honneurs dignes de vos ayeux ;
Deftinée à mon fils vous m'êtes toûjours chere ,
Et je vous vois encore avec des yeux de mere.

Placez-vous l'un & l'autre avec ceux que ma voix
A nommés pour témoins de mon augufte choix :
à Arzace.
Que l'appui de l'Etat fe range auprès du trône.

SCENE VI.

Le cabinet où étoit Sémiramis fait place à un grand
falon magnifiquement orné. Plufieurs Officiers avec les
marques de leurs dignités font fur des gradins. Un trône
eft placé au milieu du falon. Les Satrapés font auprès du
trône. Le Grand Prêtre entre avec les Mages. Il fe place
debout entre Affur & Arzace. La Reine eft au milieu avec
Azéma & fes femmes. Des Gardes occupent le fond du
falon.

OROE'S.

Princes , Mages , guerriers , foûtiens de Babylone ,
Par l'ordre de la Reine en ces lieux raffemblés ,
Les décrets de nos Dieux vous feront révélés :
Ils veillent fur l'Empire , & voici la journée
Qu'à de grands changemens ils avoient deftinée.
Quel que foit le Monarque & quel que foit l'époux ,
Que la Reine ait choifi pour l'élever fur nous ,
C'eft à nous d'obéir... J'apporte au nom des Mages
Ce que je dois aux Rois ; des vœux & des hommages,
Des fouhaits pour leur gloire , & fur-tout pour l'Etat.
Puiffent ces jours nouveaux de grandeur & d'éclat
N'être jamais changés en des jours de ténébres :
Ni ces chants d'allégreffe en des plaintes funébres.

AZÉMA.

Pontife , & vous Seigneurs , on va nommer un Roi ;
Ce grand choix , tel qu'il foit , peut n'offenfer que
moi.

Mais je naquis sujette , & je le suis encore ;
Je m'abandonne aux soins dont la Reine m'honore,
Et sans oser prévoir un sinistre avenir ,
Je donne à ses sujets l'exemple d'obéir.

ASSUR.

Quoiqu'il puisse arriver, quoique le Ciel décide ,
Que le bien de l'Etat à ce grand jour preside.
Jurons tous par ce trône & par Sémiramis ,
D'être à ce choix auguste aveuglement soumis ,
D'obéir sans murmure au gré de sa justice.

ARZACE.

Je le jure ; & ce bras armé pour son service ,
Ce cœur à qui sa voix commande après les Dieux ,
Ce sang dans les combats répandu sous ses yeux ,
Sont à mon nouveau maître, avec le même zéle
Qui sans se démentir les anima pour elle.

LE GRAND-PRETRE.

De la Reine & des Dieux j'attends les volontés.

SE'MIRAMIS.

Il suffit , prenez place ; & vous peuple, écoutez :

(*Elle s'assiet sur le trône*)

Azéma , Assur , le Grand Prétre , Arzace prennent leurs
places ; elle continuë :

Si la terre quinze ans de ma gloire occupée ,
Révéra dans ma main le sceptre avec l'épée ,
Dans cette même main qu'un usage jaloux
Destinoit au fuseau sous les loix d'un époux;
Si j'ai , de mes sujets surpassant l'espérance ,
De cet Empire heureux porté le poids immense :
Je vais le partager pour le mieux maintenir,
Pour étendre sa gloire aux siécles à venir ,
Pour obéir aux Dieux , dont l'ordre irrévocable
Fléchit ce cœur altier si long-tems indomptable.
Ils m'ont ôté mon fils ; puissent-ils m'en donner
Qui , dignes de me suivre & de vous gouverner ,

Marchant dans les sentiers que fraya mon courage ,
Des grandeurs de mon régne éternisent l'ouvrage !
J'ai pû choisir sans doute entre des souverains ,
Mais ceux dont les Etats entourent mes confins ,
Ou sont mes ennemis , ou sont mes tributaires ;
Mon sceptre n'est point fait pour leurs mains étrangeres,
Et mes premiers sujets sont plus grands à mes yeux ,
Que tous ces Rois vaincus par moi-même ou par eux.
Bélus nâquit sujet ; s'il eût le diadême ,
Il le dut à ce peuple , il le dût à lui-même :
J'ai par les mêmes droits le Sceptre que je tiens.
Maîtresse d'un Etat plus vaste que les siens ,
J'ai rangé sous vos loix vingt peuples de l'aurore ,
Qu'au siécle de Bélus on ignoroit encore :
Tout ce qu'il entreprit , je le sçus achever.
Ce qui fonde un Etat le peut seul conserver.
Il vous faut un héros digne d'un tel Empire ,
Digne de tels sujets , & si j'ose le dire ,
Digne de cette main qui va le couronner ,
Et du cœur indompté que je vais lui donner.
J'ai consulté les loix , les maîtres du tonnerre ,
L'intérêt de l'Etat , l'intérêt de la terre ;
Je fais le bien du monde en nommant un époux.
Adorez le héros qui va régner sur vous ;
Voyez revivre en lui les Princes de ma race.
Ce Héros , cet Epoux , ce Monarque , est Arzace.
Elle descend du trône , & tout le monde se leve.

AZÉMA.

Arzace ! ô perfidie !

ASSUR.

O vengeance , ô fureurs !

ARZACE à *Azéma.*

Ah ! croyez....

OROÈS.

Juste Ciel ! écartez ces horreurs !

SE'MIRAMIS.

Avançant sur la scene, & s'adressant aux Mages.

Vous qui sanctifiez de si pures tendresses ,
Venez sur les autels garantir nos promesses ,
Ninus & Ninias vous sont rendus en lui.

Le tonnerre gronde & le tombeau paroît s'ébranler.

Ciel ! qu'est-ce que j'entens ?

OROE'S.

Dieux ! soyez notre appui.

SE'MIRAMIS.

Le Ciel tonne sur nous , est-ce faveur ou haine !
Grace, Dieux tout-puissans ! qu'Arzace me l'obtienne.
Quels funèbres accens redoublent mes terreurs !
La tombe s'est ouverte ; il paraît ... Ciel !... je meurs...

L'ombre de Ninus sort de son tombeau.

ASSUR.

L'ombre de Ninus même , ô Dieux est-il possible !

ARZACE.

Eh bien ! qu'ordonnes-tu ? parle-nous Dieu terrible.

ASSUR.

Parle.

SE'MIRAMIS.

Veux-tu me perdre , ou veux-tu pardonner ?
C'est ton sceptre & ton lit que je viens de donner.
Juge si ce héros est digne de ta place. . .
Prononce. J'y consens.

L'OMBRE *à Arzace.*

Tu régneras , Arzace.
Mais il est des forfaits que tu dois expier.
Dans ma tombe , à ma cendre , il faut sacrifier ;
Sers & mon fils & moi , souviens-toi de ton pere ,
Ecoute le Pontife.

ARZACE.

Ombre que je révére ,
Demi-Dieu dont l'esprit anime ces climats ,

Ton afpeÉt m'encourage , & ne m'étonne pas.

Oüi , j'irai dans ta tombe au péril de ma vie :

Acheve , que veux-tu que ma main facrifie !

L'ombre retourne de fon eftrade à la porte du tombeau.
Il s'éloigne , il nous fuit.

SE'MIRAMIS.

Ombre de mon époux ,

Permets qu'en ce tombeau j'embraffe tes genoux ,

Que mes regrets . . .

L'OMBRE *à la porte du tombeau.*

Arrête , & refpeÉte ma cendre,

Quand il en fera tems , je t'y ferai defcendre.

Le fpeÉtre rentre , & le maufolée fe referme.

ASSUR.

Quel horrible prodige !

SE'MIRAMIS.

O peuples fuivez-moi ,

Venez tous dans ce temple , & calmez votre effroi ,

Les manes de Ninus ne font point implacables :

S'ils protégent Arzace , ils me font favorables ;

C'eft le Ciel qui m'infpire , & qui vous donne un Roi :

Venez tous l'implorer pour Arzace & pour moi.

Fin du troifiéme AÉte.

ACTE IV.

Le Théâtre repréfente le Veftibule du Temple.

SCENE PREMIERE.

ARZACE, AZE'MA.

ARZACE.

N'IRRITEZ point mes maux ; ils m'accablent affez,
Cet oracle eft affreux plus que vous ne penfez.
Des prodiges fans nombre étonnent la nature,
Le Ciel m'a tout ravi , je vous perds.

AZE'MA.

                    Ah ! parjure,
Va , ceffe d'ajoûter aux horreurs de ce jour
L'indigne fouvenir de ton perfide amour.
Je ne combattrai point la main qui te couronne,
Les morts qui t'ont parlé , ton cœur qui m'abandonne ,
Des prodiges nouveaux qui me glacent d'effroi ,
Ta barbare inconftance eft le plus grand pour moi.
Achcve, rends Ninus à ton crime propice,
Commence ici par moi ton affreux facrifice :
Frappe ingrat.

ARZACE.

            C'en eft trop , mon cœur défefpéré
Contre ces derniers traits n'étoit point préparé.

Vous voyez trop, cruelle, à ma douleur profonde,
Si ce cœur vous préfere à l'Empire du monde ;
Ces victoires, ce nom, dont j'étois si jaloux,
Vous en étiez l'objet ; j'avois tout fait pour vous,
Et mon ambition au comble parvenuë ,
Jusqu'à vous mériter avoit porté sa vûë.
Sémiramis m'est chere ; oüi , je dois l'avoüer,
Votre bouche avec moi conspire à la loüer ;
Nos yeux la regardoient comme un Dieu tutélaire
Qui de nos chastes feux protégeoit le mystère.
C'est avec cette ardeur & ces vœux épurés ,
Que peut-être les Dieux veulent être adorés.
Jugez de ma surprise au choix qu'a fait la Reine :
Jugez du précipice où ce choix nous entraîne ;
Apprenez tout mon fort.

A Z E' M A.
Je le sai.

A R Z A C E.
Apprenez
Que l'Empire ni vous ne me font destinez ;
Ce fils qu'il faut servir , ce fils de Ninus même,
Cet unique héritier de la grandeur suprême . . . .

A Z E' M A.
Eh bien ?

A R Z A C E.
Ce Ninias qui presque en son berceau ,
De l'himen avec vous alluma le flambeau ,
Qui nâquit à la fois mon rival & mon maître . .

A Z E' M A.
Ninias ;

A R Z A C E.
Il respire , il vient , il va paraître.

A Z E' M A.
Ninias , juste Ciel ! eh quoi ; Sémiramis !

A R Z A C E.

ARZACE.

Jufqu'à ce jour trompée elle a pleuré fon fils.

AZE'MA.

Ninias eft vivant !

ARZACE.

C'eft un fecret encore
Renfermé dans le Temple & que la Reine ignore.

AZE'MA.

Mais Ninus te couronne & fa veuve eft à toi.

ARZACE.

Mais fon fils eft à vous ; mais fon fils eft mon Roi ;
Mais je dois le fervir. Quel oracle funefte !

AZE'MA.

L'amour parle ; il fuffit ; que m'importe le refte ?
Ses ordres plus certains n'ont point d'obfcurité ;
Voilà mon feul oracle, il doit être écouté.
Ninias eft vivant ! eh bien, qu'il reparaiffe ;
Que fa mere à mes yeux atteftant fa promeffe,
Que fon pere avec lui rappellé du tombeau
Rejoignent ces liens formés dans mon berceau ;
Que Ninias mon Roi, ton rival & ton maître,
Ait pour moi tout l'amour que tu me dois peut-être ;
Viens voir tout cet amour devant toi confondu,
Vois fouler à mes pieds le fceptre qui m'eft dû.
Où donc eft Ninias ? quel fecret, quel miftère
Le dérobe à ma vûë & le cache à fa mere ?
Qu'il revienne en un mot ; lui, ni Sémiramis,
Ni ces manes facrés que l'enfer a vômis,
Ni le renverfement de toute la nature,
Ne pourront de mon ame arracher un parjure.
Arzace, c'eft à toi de te bien confulter ;
Vois fi ton cœur m'égale & s'il m'ofe imiter.
Quels font donc ces forfaits que l'enfer en furie,
Que l'ombre de Ninus ordonnent qu'on expie ?
Cruel ! fi tu trahis un fi facré lien ;

E

Je ne connais ici de crimes que le tien.
Je vois de tes destins le fatal interpréte,
Pour te dicter leurs loix sortir de sa retraite;
Le malheureux amour dont tu trahis la foi,
N'est point fait pour paraître entre les Dieux & toi.
Va recevoir l'arrêt dont Ninus nous ménace,
Ton sort dépend des Dieux, le mien dépend d'Arzace.

Elle sort.

ARZACE.

Arzace est à vous seule. Ah! cruelle, arrêtez,
Quel mélange d'horreurs & de félicités?
Quels étonnans destins l'un à l'autre contraires!....

SCENE II.

ARZACE, OROE'S *suivi des Mages.*

OROE'S, *à Arzace.*

Venez, retirons-nous vers ces lieux solitaires,
Je vois quel trouble affreux a dû vous pénétrer;
A de plus grands assauts il faut vous préparer.

Aux Mages.

Apportez ce bandeau d'un Roi que je revère,
Prenez ce fer sacré, cette lettre.

*Les Mages vont chercher ce que
le Grand-Prêtre demande.*

ARZACE.

O mon pere!

Tirez-moi de l'abîme où mes pas sont plongés,
Levez le voile affreux dont mes yeux sont chargés.

OROE'S.

Le voile va tomber, mon fils, & voici l'heure

Où dans sa redoutable & profonde demeure ,
Ninus attend de vous pour appaiser ses cris ,
L'offrande reservée à ses manes trahis.

ARZACE.

Quel ordre, quelle offrande ? & qu'est-ce qu'il désire ?
Qui. Moi ! venger Ninus , & Ninias respire !
Qu'il vienne , il est mon Roi , mon bras va le servir.

OROE'S.

Son pere a commandé , ne sachez qu'obéïr.
Dans une heure à sa tombe, Arzace, il faut vous rendre,
Il donne le diadéme & l'épée à Ninias.
Armé du fer sacré que vos mains doivent prendre ;
Ceint du même bandeau que son front a porté ,
Et que vous-même ici vous m'avez présenté.

ARZACE.

Du bandeau de Ninus ?

OROE'S.

Ses manes le commandent :
C'est dans cet appareil , c'est ainsi qu'ils attendent
Ce sang qui devant eux doit être offert par vous.
Ne songez qu'à frapper , à servir leur courroux ;
La victime y sera ; c'est assez vous instruire.
Reposez-vous sur eux du soin de la conduire.

ARZACE

S'il demande mon sang , disposez de ce bras.
Mais vous ne parlez point , Seigneur, de Ninias :
Vous ne me dites point comment son pere même
Me donneroit sa femme avec son diadême ?

OROE'S.

Sa femme , vous ! la Reine ! ô Ciel , Sémiramis !
Eh bien , voici l'instant que je vous ai promis ,
Connaissez vos destins & cette femme impie.

ARZACE.

Grands Dieux !

F e

OTANE.

De son époux elle a tranché la vie.

ARZACE.

Elle ! la Reine !

OROE'S.

Affur, l'opprobre de son nom,
Le détestable Affur a donné le poison.

ARZACE, *après un peu de silence.*

Ce crime dans Affur n'a rien qui me surprenne :
Mais croirai-je en effet qu'une épouse, une Reine
L'amour des Nations, l'honneur des Souverains,
D'un attentat si noir ait pû souiller ses mains ?
A-t'on tant de vertus après un si grand crime ?

OROE'S.

Ce doute, cher Arzace, est d'un cœur magnanime ;
Mais ce n'est plus le tems de rien dissimuler :
Chaque instant de ce jour est fait pour révéler
Les effrayans secrets dont frémit la nature ;
Elle vous parle ici ; vous sentez son murmure ;
Votre cœur, malgré vous, gémit épouvanté.
Ne soyez plus surpris si Ninus irrité
Est monté de la terre à ces voutes impies :
Il vient briser des nœuds tissus par les furies,
Il vient montrer au jour des crimes impunis,
Des horreurs de l'inceste il vient sauver son fils ;
Il parle, il vous attend, connaissez votre pere ;
Vous êtes Ninias ; la Reine est votre mere.

ARZACE.

De tous ces coups mortels en un moment frappé,
Dans la nuit du trépas je reste enveloppé :
Moi, son fils ? moi ?

OROE'S.

Vous-même : en doutez-vous encore ?
Apprenez que Ninus, à sa derniere aurore,
Sûr qu'un poison mortel en terminoit le cours,

Et que le même crime attentoit fur vos jours,
Qu'il attaquoit en vous les fources de la vie,
Vous arracha mourant à cette Cour impie,
Affur comblant fur vous fes crimes inouis,
Pour époufer la mere empoifonna le fils :
Il crut que de fes Rois exterminant la race,
Le trône étoit ouvert à fa perfide audace ;
Et lorfque le Palais déploroit votre mort,
Le fidéle Phradate eut foin de votre fort.
Ces végétaux puiffants, qu'en Perfe on voit éclore,
Bienfaits nés dans fes champs de l'aftre qu'elle adore,
Par les foins de Phradate, avec art préparés,
Firent fortir la mort de vos flancs déchirés ;
De fon fils qu'il perdit, il vous donna la place ;
Vous ne fûtes connu que fous le nom d'Arzace ;
Il attendoit le jour d'un heureux changement ;
Dieu, qui juge les Rois, en ordonne autrement.
La vérité terrible eft du Ciel defcendüe,
Et du fein des tombeaux la vengeance eft venüe.

ARZACE.

Dieu, maître des deftins, fuis-je affez éprouvé ?
Vous me rendez la mort dont vous m'avez fauvé.
Eh bien Sémiramis . . . oüi, je reçûs la vie
Dans le fein des grandeurs & de l'ignominie.
Ma mere . . . . ô Ciel ! Ninus ah ! quel aveu cruel ?
Mais fi le traître Affur étoit feul criminel,
S'il fe pouvoit . . .

OROE'S *prenant la lettre & la lui donnant,*

Voici ces facrés caractères,
Ces garants trop certains de ces cruels myftères ;
Le monument du crime eft ici fous vos yeux :
Douterez-vous encor ?

ARZACE.

Que ne le puis-je, ô Dieux ?

F 3

Donnez, je n'aurai plus de doute qui me flâté,
Donnez.　　　　(Il lit.)

Ninus mourant, au fidéle Phradate,
Je meurs empoisonné, prenez soin de mon fils :
Arrachez Ninias à des bras ennemis ;
Ma criminelle épouse . . . .

ORÖE'S.

En faut'il davantage ?
C'êſt de vous que je tiens cet affreux témoignage ;
Ninus n'acheva point ; l'approche de la mort
Glaça ſa faible main qui traçoit votre ſort :
Phradate en cet écrit vous apprend tout le reſte ;
Liſez, il vous confirme un ſecret ſi funeſte.
Il ſuffit ; Ninus parle, il arme votre bras,
De ſa tombe à ſon trône il va guider vos pas,
Il veut du ſang.

ARZACE, *après avoir lû.*

O jour trop fécond en miracles !
Enfer qui m'as parlé, tes funeſtes oracles
Sont plus obſcurs encor à mon eſprit troublé,
Que le ſein de la tombe où je ſuis appellé.
Au ſacrificateur on cache la victime,
Je tremble ſur le choix.

ORÖE'S.

Tremblez, mais ſur le crime.
Allez, dans les horreurs dont vous êtes troublé,
Le Ciel vous conduira, comme il vous a parlé.
Ne vous regardez plus comme un homme ordinaire ;
Des éternels décrets ſacré dépoſitaire,
Marqué du ſceau des Dieux, ſéparé des humains,
Avancés dans la nuit qui couvre vos deſtins.
Mortel, faible inſtrument des Dieux de vos ancêtres,
Vous n'avez pas le droit d'interroger vos maîtres ;
A la mort échappé, malheureux Ninias,
Adorez, rendez grace & ne murmurez pas.

S C E N E III.

A R Z A C E , M I T R A N E.

A R Z A C E.

NOn, je ne reviens point de cet état horrible ;
Sémiramis ! ma mere ! ô Ciel eſt-il poſſible !

M I T R A N E , *arrivant.*

Babylone , Seigneur , en ce commun effroi,
Ne peut ſe raſſurer qu'en revoyant ſon Roi ;
Souffrez que le premier je vienne reconnaître ,
Et l'époux de la Reine & mon auguſte maître.
Sémiramis vous cherche , elle vient ſur mes pas ;
Je bénis ce moment qui la met dans vos bras.
Vous ne répondez point. Un déſeſpoir farouche
Fixe vos yeux troublés & vous ferme la bouche ,
Vous pâliſſez d'effroi , tout votre corps frémit.
Qu'eſt-ce qui s'eſt paſſé ? qu'eſt-ce qu'on vous a dit ?

A R Z A C E.

Fuyons vers Azéma :

M I T R A N E.

Quel étonnant langage ?
Seigneur , eſt-ce bien vous ? faites-vous cet outrage
Aux bontés de la Reine, à ſes feux , à ſon choix,
A ce cœur qui pour vous dédaigna tant de Rois ?
Son eſpérance en vous eſt-elle confonduë ?

A R Z A C E.

Dieux ! c'eſt Sémiramis , qui ſe montre à ma vûë !
O tombe de Ninus , ô ſéjour des enfers,
Cachez ſon crime & moi dans vos goufres ouverts.

F 4

SCENE IV.

SE'MIRAMIS, ARZACE.

SE'MIRAMIS.

ON n'attend plus que vous ; venez maître du monde;
Son fort , comme le mien , fur mon hymen fe fonde ;
Je vois avec tranfport ce figne révéré ,
Qu'a mis fur votre front un Pontife infpiré ,
Ce facré diadême , affuré témoignage
Que l'enfer & le Ciel confirment mon fuffrage.
Tout le parti d'affur frappé d'un faint refpeét,
Tombe à la voix des Dieux , & tremble à mon afpeét,
Ninus veut une offrande , il en eft plus propice :
Pour hâter mon bonheur , hâtez ce facrifice.
Tous les cœurs font à nous, tout le peuple applaudit :
Vous régnez , je vous aime , Affur en vain frémit.

ARZACE , *hors de lui.*

Affur ! allons . . . il faut dans le fang du perfide . . .
Dans cet infame fang lavons fon parricide.
Allons venger Ninus . . .

SE'MIRAMIS.

Qu'entends-je ! jufte ciel !
Ninus !

ARZACE, *d'un air égaré.*
Vous m'avez dit que fon bras criminel
Revenant à lui.
Avoit . . . que l'infolent s'arme contre fa Reine ,
Et n'eft-ce pas affez pour mériter ma haine ?

SE'MIRAMIS.

Commencez la vengeance en recevant ma foi.

ARZACE.

Mon pere !

SE'MIRAMIS.

Ah ! quels regards vos yeux lancent fur moi !
Arzace, eft-ce donc-là ce cœur foumis & tendre
Qu'en vous donnant ma main j'ai cru devoir attendre ?
Je ne m'étonne point que ce prodige affreux,
Que les morts déchaînés du féjour ténébreux,
De la terreur en vous laiffent encor la trace ;
Mais j'en fuis moins troublée en revoyant Arzace.
Ah ! ne répandez pas cette funefte nuit
Sur ces premiers momens du beau jour qui me luit.
Soyez tel qu'à mes pieds je vous ai vû paraître,
Lorfque vous redoutiez d'avoir Affur pour maître,
Ne craignez point Ninus & fon ombre en courroux.
Arzace, mon appui, mon fecours, mon époux ;
Cher Prince . . .

ARZACE, fe détournant.

C'en eft trop, le crime m'environne...
Arrêtez.

SE'MIRAMIS.

A quel trouble, hélas ! il s'abandonne,
Quand lui feul à la paix a pû me rappeller !

ARZACE.

Sémiramis . . .

SE'MIRAMIS.

Eh bien ?

ARZACE.

Je ne puis lui parler.
Fuyez-moi pour jamais ou m'arrachez la vie.

SE'MIRAMIS. [fuye ?
Quels tranfports ! quels difcours ! qui, moi, que je vous
Eclairciffez ce trouble infupportable, affreux,
Qui paffe dans mon ame, & fait deux malheureux.

Les traits du défespoir font fur votre vifage,
De moment en moment vous glacez mon courage,
Et vos yeux allarmés me caufent plus d'effroi
Que le Ciel & les morts foulevez contre moi.
Je tremble en vous offrant ce facré diadême ;
Ma bouche en frémiffant prononce je vous aime ;
D'un pouvoir inconnu l'invincible afcendant
M'entraîne ici vers vous, m'en repouffe à l'inftant ;
Et par un fentiment que je ne peux comprendre,
Mêle une horreur affreufe à l'amour le plus tendre.

ARZACE.

Haïffez-moi.

SE'MIRAMIS.

Cruel, non tu ne le veux pas.
Mon cœur fuivra ton cœur, mes pas fuivront tes pas.
Quel eft donc ce billet, que tes yeux pleins d'allarmes
Lifent avec horreur, & trempent de leurs larmes ?
Contient-il les raifons de tes refus affreux ?

ARZACE.

Oüi.

SE'MIRAMIS.

Donne.

ARZACE.

Ah ! je ne puis . . . ofez-vous ? . . .

SE'MIRAMIS.

Je le veux.

ARZACE.

Laiffez-moi cet écrit horrible & néceffaire . . .

SE'MIRAMIS.

D'où le tiens-tu ?

ARZACE.

Des Dieux.

SE'MIRAMIS.

Qui l'écrivit ?

ARZACE.

Mon pere . . .

SE'MIRAMIS.

Que me dis-tu ?

ARZACE.

Tremblez.

SE'MIRAMIS.

Donne , apprend-moi mon sort.

ARZACE.

Ceſſez . . . A chaque mot vous trouveriez la mort.

SE'MIRAMIS.

N'importe. Eclairciſſez ce doute qui m'accable :
Ne me réſiſtez plus , ou je vous crois coupable.

ARZACE.

Dieux! qui conduiſez tout, c'eſt vous qui m'y forcez !

SE'MIRAMIS *prenant le billet.*

Pour la derniere fois , Arzace, obéïſſez.

ARZACE.

Eh bien , que ce billet ſoit donc le ſeul ſupplice
Qu'à ſon crime , grand Dieu , réſerve ta juſtice !

Sémiramis lit.

Vous allez trop ſçavoir ; c'en eſt fait.

SE'MIRAMIS *à Otane.*

Qu'ai-je lû ?

Soutiens-moi , je me meurs . . .

ARZACE.

Hélas ! tout eſt connu ! . . .

SE'MIRAMIS *revenant à elle après un long ſilence.*

Eh bien , ne tarde plus , rempli ta deſtinée ;
Puni cette coupable & cette infortunée ,
Etouffe dans mon ſang mes déteſtables feux.
La nature trompée eſt horrible à tous deux ;
Venge tous mes forfaits , venge la mort d'un pere,

Reconnais-moi, mon fils, frappe, & puni ta mere.

ARZACE.

Que ce glaive plûtôt épuise ici mon flanc
De ce sang malheureux formé de votre sang :
Qu'il perce de vos mains ce cœur qui vous révère,
Et qui porte d'un fils le sacré caractère.

SE'MIRAMIS *se jettant à genoux.*

Ah ! je fus sans pitié, sois barbare à ton tour,
Sois le fils de Ninus en m'arrachant le jour ;
Frappe. Mais quoi ! tes pleurs se mêlent à mes larmes !
O Ninias ! ô jour plein d'horreurs & de charmes ! ...
Avant de me donner la mort que tu me dois,
De la nature encor laisse parler la voix ;
Souffre au moins que les pleurs de ta coupable mere
Arrosent une main si fatale & si chere.

ARZACE, NINIAS.

Ah ! je suis votre fils, & ce n'est pas à vous,
Quoique vous ayez fait, d'embrasser mes genoux.
Ninias vous implore, il vous aime, il vous jure
Les plus profonds respects & l'amour la plus pure.
C'est un nouveau sujet, plus cher & plus soumis ;
Le Ciel est appaisé, puisqu'il vous rend un fils :
Livrez l'infame Assur au Dieu qui vous pardonne.

SE'MIRAMIS.

Reçois pour te venger mon sceptre, ma couronne ;
Je les ai trop souillés.

ARZACE.

Je veux tout ignorer,
Je veux avec l'Asie encor vous admirer.

SE'MIRAMIS.

Non, mon crime est trop grand.

ARZACE.

Le repentir l'efface.

SE'MIRAMIS.

Ninus t'a commandé de régner en ma place :
Craias ses manes vengeurs.

ARZACE.

Ils seront attendris
Des remords d'une mere & des larmes d'un fils.
Otane au nom des Dieux ayez soin de ma mere,
Et cachez comme moi cet horrible mystère.

Fin du quatriéme Acte.

ACTE V.

SCENE PREMIERE.

SE'MIRAMIS, OTANE,

OTANE.

Songez qu'un Dieu propice a voulu prévenir
Cet effroyable himen dont je vous vois frémir ;
La nature étonnée à ce danger funeste,
En vous rendant un fils , vous arrache à l'inceste.
Des oracles d'Ammon les ordres abfolus ,
Les infernales voix , les manes de Ninus ,
Vous difoient que le jour d'un nouvel himenée
Finiroit les horreurs de votre deftinée :
Mais ils ne difoient pas qu'il dût être accompli ;
L'himen s'eft préparé , votre fort eft rempli ;
Ninias vous revére , un fecret facrifice
Va contenter des Dieux la facile juftice :
Ce jour fi redouté fera votre bonheur.

SE'MIRAMIS.

Ah ! le bonheur, Otane , eft-il fait pour mon cœur ?
Mon fils s'eft attendri ; je me flâte , j'efpére
Qu'en ces premiers momens la douleur d'une mere
Parle plus hautement à fes fens oppreffés ,

Que le fang de Ninus & mes crimes paffés.
Mais peut-être bien-tôt, moins tendre & plus févere,
Il ne fe fouviendra que du meurtre d'un pere.

OTANE.

Que craignez-vous d'un fils, quel noir preffentiment?

SE'MIRAMIS.

La crainte fuit le crime, & c'eft fon châtiment.
Le détestable Affur fçait-il ce qui fe paffe?
N'a-ton rien attenté? Sait-on quel eft Arzace?

OTANE.

Non; ce fecret terrible eft de tous ignoré;
De l'ombre de Ninus l'oracle eft adoré:
Les efprits confternés ne peuvent le comprendre;
Comment fervir fon fils! pourquoi venger fa cendre?
On l'ignore, on fe tait. On attend ces momens,
Où fermé fans réferve au refte des vivans,
Ce lieu faint doit s'ouvrir pour finir tant d'allarmes:
Le peuple eft aux autels, vos foldats font en armes:
Azéma, pâle, errante, & la mort dans les yeux,
Veille autour du tombeau, leve les mains aux Cieux:
Ninias eft au temple, & d'une ame éperduë
Se prépare à frapper fa victime inconnuë:
Dans fes fombres fureurs Affur enveloppé,
Raffemble les débris d'un parti diffipé;
Je ne fai quels projets il peut former encore.

SE'MIRAMIS.

Ah! c'eft trop ménager un traître que j'abhorre;
Qu'Affur chargé de fers en vos mains foit remis;
Otane, allez livrer le coupable à mon fils.
Mon fils appaifera l'éternelle juftice,
En répandant, du moins, le fang de mon complice.
Qu'il meure; qu'Azéma renduë à Ninias,
Du crime de mon régne épure ces climats.
Tu vois ce cœur, Ninus, il doit te fatisfaire:
Tu vois du moins en moi des entrailles de mere.

Ah ! qui vient dans ces lieux à pas précipités !
Que tout rend la terreur à mes sens agités !

SCENE II.

SE'MIRAMIS, AZE'MA, OTANE.

AZE'MA.

Madame , pardonnez si sans être appellée ,
De mortelles frayeurs trop justement troublée ,
Je viens avec transport embrasser vos genoux.

SE'MIRAMIS.

Ah ! Princesse parlez , que me demandez-vous ?

AZE'MA.

D'arracher un héros au coup qui le ménace ;
De prévenir le crime & de sauver Arzace.

SE'MIRAMIS.

Arzace ? lui ? quel crime ?

AZE'MA.

Il devient votre époux ,
Il me trahit , n'importe , il doit vivre pour vous.

SE'MIRAMIS.

Lui mon époux ? grands Dieux !

AZE'MA.

Quoi l'himen qui vous lie...

SE'MIRAMIS.

Cet himen est affreux , abominable , impie ;
Arzace ! il est... parlez ; je frissonne , achevez :
Quels dangers ! hâtez-vous. . .

AZE'MA.

Madame vous sçavez
Que peut-être au moment que ma voix vous implore,
SE'MIRAMIS,

Eh bien ?

AZE'MA.

Ce demi-Dieu que je redoute encore ,
D'un fecret facrifice en doit être honoré ;
Au fond du labirinthe à Ninus confacré.
J'ignore quels forfaits il faut qu'Arzace expie.

SE'MIRAMIS.

Quels forfaits , juftes Dieux !

AZE'MA.

Cet Affur , cet impie
Va violer la tombe où nul n'eft introduit.

SE'MIRAMIS.

Qui ! lui !

AZE'MA.

Dans les horreurs de la profonde nuit ,
Des fouterrains fecrets , où fa fureur habile
A tout évenement fe creufoit un afile ,
Ont fervi les deffeins de ce monftre odieux ;
Il vient braver les morts , il vient braver les Dieux :
D'une main facrilége aux forfaits enhardie ,
Du généreux Arzace il va trancher la vie.

SE'MIRAMIS.

O Ciel ! qui vous l'a dit ? comment , par quel détour ?

AZE'MA.

Fiez-vous à mon cœur éclairé par l'amour ;
J'ai vû du traître Affur la haine envenimée ,
Sa faction tremblante & par lui ranimée ,
Ses amis raffemblés qu'a féduits fa fureur :
De fes deffeins fecrets j'ai démêlé l'horreur :
J'ai feint de réünir nos caufes mutuelles ;
Je l'ai fait épier par des regards fidelles :
Il ne commet qu'à lui ce meurtre détefté ;
Il marche au facrilége avec impunité :
Sûr que dans ce lieu faint nul n'ofera paraître ,

G

Que l'accès en est même interdit au Grand-Prêtre,
Il y vole : & le bruit par ses soins se répand
Qu'Arzace est la victime, & que la mort l'attend :
Que Ninus dans son sang doit laver son injure.
On parle au peuple, aux grands, on s'assemble, on
    murmure ;
Je crains Ninus, Assur, & le Ciel en courroux.

SÉMIRAMIS.

Eh bien chere Azéma, ce Ciel parle par vous ;
Il me suffit. Je voi ce qui me reste à faire.
On peut s'en reposer sur le cœur d'une mere ;
Ma fille. Nos destins à la fois sont remplis ;
Défendez votre époux, je vais sauver mon fils.

AZÉMA.

Ciel ?

SÉMIRAMIS.

    Prête à l'épouser, les Dieux m'ont éclairée ;
Ils inspirent encore une mere éplorée ;
Mais les momens sont chers. Laissez-moi dans ces
    lieux :
Ordonnez en mon nom que les Prêtres des Dieux,
Que les chefs de l'Etat viennent ici se rendre.
Azéma passe dans le vestibule du temple ; Sémiramis de
    l'autre côté, s'avance vers le mausolée.
Ombre de mon époux ! je vais venger ta cendre.
Voici l'instant fatal où ta voix m'a promis
Que l'accès de ta tombe alloit m'être permis :
J'obéirai ; mes mains qui guidoient des armées,
Pour secourir mon fils à ta voix sont armées.
Venez, Gardes du trône, accourez à ma voix,
D'Arzace désormais reconnaissez les loix :
Arzace est votre Roi, vous n'avez plus de Reine ;
Je dépose en ses mains la grandeur souveraine :
Soyez ses défenseurs ainsi que ses sujets.
Allez.

Les Gardes se rangent au fond de la scene.
Dieux tout-puissans , secondez mes projets.

Elle entre dans le tombeau.

SCENE III.

A Z E' M A *revenant de la porte du temple*
sur le devant de la scene.

QUe méditoit la Reine , & quel dessein l'anime ?
A-t'elle encor le tems de prévenir le crime !
O prodige , ô destin que je ne conçois pas !
Moment cher & terrible , Arzace ! Ninias !
Arbitres des humains , puissances que j'adore ,
Me l'avez-vous rendu pour le ravir encore ?

SCENE IV.

AZE'MA , ARZACE , *ou* NINIAS.

AZE'MA.

AH ! cher Prince , arrêtez. Ninias est-ce vous ?
Vous le fils de Ninus , mon maître & mon époux !

NINIAS.
Ah ! vous me revoyez confus de me connaître.
Je suis du sang des Dieux , & je frémis d'en être.
Ecartez ces horreurs qui m'ont environné ;
Fortifiez ce cœur au trouble abandonné ;
Encouragez ce bras prêt à venger un pere.

AZE'MA.
Gardez-vous de remplir cet affreux ministère.

G 2

NINIAS.

Je dois un sacrifice, il le faut, j'obéis.

AZE'MA.

Non. Ninus ne veut pas qu'on immole son fils.

NINIAS.

Comment ?

AZE'MA.

Vous n'irez point dans ce lieu redoutable :
Un traître y tend pour vous un piége inévitable.

NINIAS.

Qui peut me retenir, & qui peut m'effrayer ?

AZE'MA.

C'est vous que dans la tombe on va sacrifier ;
Assur, l'indigne Assur a, d'un pas sacrilége,
Violé du tombeau le divin privilége :
Il vous attend :

NINIAS.

Grands Dieux ! tout est donc éclairci.
Mon cœur est rassuré, la victime est ici.
Mon pere empoisonné par ce monstre perfide,
Demande à haute voix le sang du parricide.
Instruit par le Grand-Prêtre & conduit par le Ciel,
Par Ninus même armé contre le criminel,
Je n'aurai qu'à frapper la victime funeste
Qu'amene à mon courroux la justice céleste.
Je vois trop que ma main dans ce fatal moment
D'un pouvoir invincible est l'aveugle instrument.
Les Dieux seuls ont tout fait, & mon ame étonnée
S'abandonne à la voix qui fait ma destinée.
Je vois que, malgré nous, tous nos pas sont marqués:
Je vois que des Enfers ces manes évoqués
Sur le chemin du trône ont semé les miracles :
J'obéis sans rien craindre, & j'en crois les oracles.

AZE'MA.

Tout ce qu'ont fait les Dieux ne m'apprend qu'à
frémir :

Ils ont aimé Ninus , ils l'ont laiffé périr.

NINIAS.

Ils le vengent enfin : étouffez ce murmure.

AZE'MA.

Ils choififfent fouvent une victime pure ,
Le fang de l'innocence a coulé fous leurs coups.

NINIAS.

Puifqu'ils nous ont unis , ils combattent pour nous.
Ce font eux qui parloient par la voix de mon pere :
Ils me rendent un trône , une époufe , une mere ;
Et couvert à vos yeux du fang du criminel ,
Ils vont de ce tombeau me conduire à l'autel.
J'obéïs , c'eft affez , le Ciel fera le refte.

SCENE V.

AZE'MA , feule.

Dieux ! veillez fur fes pas dans ce tombeau fu-
neſte ;
Que voulez-vous ! quel fang doit aujourdhui couler ?
Impénétrables Dieux , vous me faites trembler.
Je crains Affur , je crains cette main fanguinaire ,
Il peut percer le fils fur la cendre du pere.
Abimes redoutés dont Ninus eft forti ,
Dans vos antres profonds que ce Monftre englouti
Porte au fein des enfers la fureur qui le preffe.
Cieux tonnez , Cieux lancez la foudre vengereffe.
O fon pere ! ô Ninus , quoi tu n'as pas permis
Qu'une époufe éplorée accompagnât ton fils !
Ninus combat pour lui , dans ce lieu de ténèbres.

N'entend-je pas fa voix parmi des cris funèbres ?
Dût ce facré tombeau , profané par mes pas ,

Ouvrir pour me punir les goufres du trépas ;
J'y defcendrai ! j'y vole... Ah ! quels coups de tonnerre
Ont enflâmé le Ciel & font trembler la terre ?
Je crains, j'efpére. . . Il vient.

SCENE VI.

NINIAS, *une épée fanglante à la main,*
AZE'MA.

NINIAS.

Ciel ! où fuis-je ?
AZE'MA.
Ah ! Seigneur,
Vous êtes teint de fang, pâle, glacé d'horreur.
NINIAS, *d'un air égaré.*
Vous me voyez couvert du fang du parricide.
Au fond de ce tombeau ; mon pere étoit mon guide,
J'errois dans les détours de ce grand monument,
Plein de refpect, d'horreur & de faififfement ;
Il marchoit devant moi : j'ai reconnu la place
Que fon ombre en couroux marquoit à mon audace,
Auprès d'une colonne, & loin de la clarté,
Qui fuffifoit à peine à ce lieu redouté,
J'ai vû briller le fer dans la main du perfide ;
J'ai cru le voir trembler ; tout coupable eft timide :
J'ai deux fois dans fon flanc plongé ce fer vengeur ;
Et d'un bras tout fanglant qu'animoit ma fureur,
Déja je le trainais, roulant fur la pouffiere,
Vers les lieux d'où partoit cette faible lumière.
Mais je vous l'avoüerai, fes fanglots redoublés,
Ses cris plaintifs & fourds & mal articulés,

Les Dieux qu'il invoquoit , & le repentir même
Qui sembloit le saisir à son heure suprême ;
La sainteté du lieu ; la pitié dont la voix,
Alors qu'on est vengé , fait entendre ses loix ;
Un sentiment confus , qui même m'épouvante ,
M'ont fait abandonner la victime sanglante.
Azéma , quel est donc ce trouble , cet effroi ,
Cette invincible horreur qui s'empare de moi ?
Mon cœur est pur , ô Dieux ! mes mains sont inno-
       centes ;
D'un sang proscrit par vous,vous les voyez fumantes :
Quoi j'ai servi le Ciel , & je sens des remords !

A Z E' M A.

Vous avez satisfait la nature & les morts.
Quittons ce lieu terrible , allons vers votre mere ,
Calmez à ses genoux ce trouble involontaire ;
Et puisqu'Assur n'est plus.

SCENE VII.

NINIAS , AZE'MA , ASSUR.

*Assur paroît dans l'enfoncement avec Otane & les gardes
de la Reine.*

A ZE' M A.

Ciel ! Assur à mes yeux !

ARZACE.

Assur ?

A ZE' M A.

Accourez tous , Ministres de nos Dieux ,
Ministres de nos Rois , défendez votre maître.

G 4

SCENE VIII.

Le grand Prêtre OROE'S, *les Mages &*
le peuple. NINIAS , AZE'MA , ASSUR
défarmé , MITRANE.

OTANE.

IL n'en est pas besoin ; j'ai fait saisir le traitre ,
Lorsque dans ce lieu saint il alloit pénétrer.
La Reine l'ordonna , je viens vous le livrer.

NINIAS.

Qu'ai-je fait , & quelle est la victime immolée ?

OROE'S.

Le Ciel est satisfait. La vengeance est comblée.

En montrant Assur.

Peuples de votre Roi voilà l'empoisonneur :

En montrant Ninias.

Peuples , de votre Roi voilà le successeur.
Je viens vous l'annoncer , je viens le reconnaître ,
Revoyez Ninias , & servez votre maître.

ASSUR.

Toi , Ninias ?

OROE'S.

Lui-même ; un Dieu qui l'a conduit ,
Le sauva de ta rage , & ce Dieu te poursuit.

ASSUR.

Toi , de Sémiramis tu reçus la naissance !

NINIAS.

Oui ; mais pour te punir , j'ai reçu sa puissance.
Allez , délivrez-moi de ce monstre inhumain.
Il ne méritoit pas de tomber sous ma main.
Qu'il meure dans l'opprobre , & non de mon épée ;

Et qu'on rende au trépas ma victime échapée.

Sémiramis paraît au pied du tombeau mourante, un Mage qui est à cette porte la relève.

ASSUR.

Va : mon plus grand supplice est de te voir mon Roi;
Appercevant Sémiramis.
Mais je te laisse encor plus malheureux que moi,
Regarde ce tombeau ; contemple ton ouvrage.

NINIAS.

Quelle victime, ô Ciel, a donc frappé ma rage !

AZE'MA.

Ah ! fuyez, cher époux !

MITRANE.

Qu'avez-vous fait !

OROE'S, *se mettant entre le tombeau & Ninias.*

Sortez,

Venez purifier vos bras ensanglantés ;
Remettez dans mes mains ce glaive trop funeste,
Cet aveugle instrument de la fureur céleste.

NINIAS, *courant vers Sémiramis.*

Ah ! cruels, laissez-moi le plonger dans mon cœur.

OROE'S, *tandis qu'on le désarme.*

Gardez de le laisser à sa propre fureur.

SE'MIRAMIS, *qu'on fait avancer & qu'on place sur un fauteuil.*

Viens me venger mon fils, un monstre sanguinaire,
Un traître, un sacrilège assassine ta mere.

NINIAS.

O jour de la terreur ; ô crimes inouis !
Ce sacrilége affreux, ce monstre est votre fils.
Au sein qui m'a nourri cette main s'est plongée :
Je vous suis dans la tombe & vous serez vengée.

SE'MIRAMIS.

Hélas ! j'y descendis pour défendre tes jours.
Ta malheureuse mere alloit à ton secours...

J'ai reçû de tes mains la mort qui m'étoit dûë.

NINIAS.

Ah ! c'eft le dernier trait à mon ame éperduë ;
J'attefte ici les Dieux qui conduifoient mon bras ,
Ces Dieux qui m'égaroient. . .

SE'MIRAMIS.

Mon fils , n'acheve pas :
Je te pardonne tout fi pour grace derniere ,
Une fi chere main ferme au moins ma paupière.

Il fe jette à genoux.

Viens , je te le demande au nom du même fang
Qui t'a donné la vie & qui fort de mon flanc.
Ton cœur n'a pas fur moi conduit ta main cruelle.
Quand Ninus expira j'étois plus criminelle.
J'en fuis affez punie ; il eft donc des forfaits
Que le couroux des Dieux ne pardonne jamais !
Ninias , Azéma , que votre himen efface
L'opprobre dont mon crime a foüillé votre race ;
D'une mere expirante approchez-vous tous deux ;
Donnez-moi votre main ; vivez , régnez heureux ;
Cet efpoir me confole. . . il mêle quelque joye
Aux horreurs de la mort où mon ame eft en proye.
Je la fens. . . elle vient. . . fonge à Sémiramis,
Ne hais point fa mémoire : ô mon fils , mon cher fils..
C'en eft fait. . .

OROE'S.

La lumiere à fes yeux eft ravie ;
Secourez Ninias , prenez foin de fa vie.
Par ce terrible exemple apprenez tous du moins ,
Que les crimes fecrets ont les Dieux pour témoins ;
Plus le coupable eft grand , plus grand eft le fupplice,
Rois tremblez fur le trône & craignez leur juftice.

Fin du cinquiéme & dernier Acte.

ÉLOGE FUNÉBRE

DES OFFICIERS

Qui font morts dans la Guerre de 1741.

UN peuple qui fut l'exemple des Nations, qui leur enfeigna tous les arts, & même celui de la guerre, le Maître des Romains qui ont été nos Maîtres, la Grece enfin parmi fes inftitutions qu'on admire encore, avoit établi l'ufage de confacrer par des éloges funèbres la mémoire des Citoyens qui avoient répandu leur fang pour la patrie. Coutume digne d'Athenes, digne d'une Nation valeureufe & humaine, digne de nous! pourquoi ne la fuivrions-nous pas? nous long-tems les heureux rivaux en tant de genre de cette Nation refpectable, pourquoi nous renfermer dans l'ufage de ne célébrer après leur mort que ceux qui ayant été donnés en Spectacle au monde par leur élévation, ont été fatigués d'encens pendant leur vie?

Il eft jufte fans doute, il importe au genre humain de loüer les Titus, les Trajans, les Louis XII. les Henry IV. & ceux qui leur reffemblent. Mais ne rendra-t'on jamais qu'à la dignité ces devoirs fi intéreffans & fi chers quand ils font rendus à la Perfonne; fi vains quand ils ne font qu'une partie néceffaire d'une pompe funèbre , quand le cœur n'eft point touché , quand la vanité feule de l'Orateur parle à la vanité des Hommes , & que dans un difcours compaffé & dans une divifion forcée , on s'épuife en éloges vagues qui paffent avec la fumée des flambeaux funéraires.

Du moins , s'il faut célébrer toûjours ceux qui ont été grands , réveillons quelquefois la cendre de ceux qui ont été utiles. Heureux fans doute , (fi la voix des vivans peut percer la nuit des tombeaux) heureux le Magiftrat immortalifé par le même organe , qui avoit fait verfer tant de pleurs fur la mort de Marie d'Angleterre , & qui fut digne de célébrer le grand Condé. Mais fi la cendre de Michel le Tellier reçut tant d'honneurs , eft - il un bon Citoyen qui ne demande aujourdhui , les a-t'on rendus au grand Colbert , à cet Homme qui fit naître tant d'abondance en ranimant tant d'induftrie , qui porta fes vûës fupérieures jufqu'aux extrêmités de la Terre , qui rendit la France la dominatrice des Mers , & à qui nous devons une grandeur & une félicité long-tems inconnuë?

O mémoire ! ô noms du petit nombre d'hommes qui ont bien fervi l'état ! vivez éternellement : mais furtout ne périffez pas tout entiers , vous guerriers qui êtes morts pour nous défendre. C'eft votre fang qui nous a valu des victoires; c'eft fur vos corps déchirés & palpitans que vos compagnons ont marché à l'ennemi , & qu'ils ont monté à tant de remparts; c'eft à vous que nous devons une paix glorieuſe, achetée par votre perte.

Plus la guerre eſt un fléau épouventable raſſemblant ſous lui toutes les calamités & tous les crimes, plus grande doit être notre reconnaiſſance envers ces braves compatriotes qui ont péri pour nous donner cette paix heureuſe, qui doit être l'unique but de la guerre, & le ſeul objet de l'ambition d'un vrai Monarque.

Faibles & inſenſés mortels que nous ſommes, qui raiſonnons tant ſur nos devoirs, qui avons tant approfondi notre nature, nos malheurs & nos faibleſſes, nous faiſons ſans ceſſe retentir nos Temples de reproches & de condamnations ? nous anathématiſons les plus légeres irrégularités de la conduite, les plus ſecrettes complaiſances des cœurs ; nous tonnons contre des vices, contre des défauts ; condamnables il eſt vrai, mais qui troublent à peine la ſociété. Cependant quelle voix chargée d'annoncer la vertu s'eſt jamais élevée contre ce crime ſi grand & ſi univerſel ; contre cette rage deſtructive qui change en bêtes féroces des hommes nés pour vivre en freres; contre ces déprédations atroces; contre ces cruautés qui font de la Terre un ſéjour de brigandage, un horrible & vaſte tombeau ?

Des bords du Pô juſqu'à ceux du Danube, on bénit de tous côtés au nom du même Dieu ces drapeaux ſous leſquels marchent des milliers de meurtriers mercénaires, à qui l'eſprit de débauche, de libertinage & de rapine ont fait quitter leurs campagnes ; ils vont, & ils changent de Maîtres : ils s'expoſent à un supplice infâme pour un léger intérêt ; le jour du combat vient, & souvent le soldat qui s'é-toit rangé n'a guéres sous les enseignes de sa patrie, répand sans remords le sang de ses propres concitoyens ; il attend avec avidité le moment où il pourra dans le champ du carnage arracher aux mourants quelques malheureuses dépouilles qui lui font enlevées par d'autres mains. Tel est trop souvent le soldat : tel est cette multitude aveugle & féroce dont on se sert pour changer la destinée des empires, & pour élever les monumens de la gloire. Considérés tous ensemble marchant avec ordre sous un grand Capitaine, ils forment le Spectacle le plus fier & le plus imposant qui soit dans l'univers. Pris chacun à part dans l'énivrement de leurs frénésies brutales, (si on en excepte un petit nombre) c'est la lie des Nations.

Tel n'est point l'Officier, idolâtre de son honneur & de celui de son Souverain, bravant de sang froid la mort avec toutes les raisons d'aimer la vie, quittant guaiement les délices de la société pour des fatigues qui font frémir la nature, humain, généreux, compatissant, tandis que la barbarie étincelle de rage partout autour de lui, né pour les douceurs de la société comme pour les dangers de la guerre, aussi poli que fier, orné souvent par la culture des Lettres & plus encore par les graces de l'esprit. A ce portrait les Nations étrangeres reconnaissent nos Officiers ; elles avouent surtout que lorsque le premier feu trop ardent de leur jeunesse est tempéré par un peu d'expérience, ils se font aimer même de leurs ennemis. Mais ſi leurs graces & leurs franchiſes ont adouci quelquefois les eſprits les plus barbares, que n'a point fait leur valeur ?

Ce ſont eux qui ont défendu pendant tant de mois cette Capitale de la Bohême, conquiſe par leurs mains en ſi peu de momens ; eux qui attaquoient, qui aſſiegeoient leurs aſſiégeans ; eux qui donnoient de longues batailles dans des tranchées ; eux qui bravérent la faim, les ennemis, la mort, la rigueur inouie des faiſons dans cette mémorable marche, moins longue que celle des Grecs de Xénophon, mais non moins pénible & non moins hazardeuſe.

On les a vûs ſous un Prince auſſi vigilant qu'intrèpide, précipiter leurs ennemis du haut des Alpes ; victorieux à la fois de tous les obſtacles que la nature & l'art & la valeur oppoſoient à leur courage opiniâtre. Champs de Fontenoi, rivage de l'Eſcaut & de la Meuſe teint de leurs ſang, c'eſt dans vos campagnes que leurs efforts ont ramené la victoire aux pieds de ce Roi, que les nations, conjurées contre lui, auroient dû choiſir pour leur arbitre. Que n'ont-ils point éxécuté, ces héros, dont la foule eſt connuë à peine ?

Qu'avoient donc au-deſſus deux ces centurions & ces tribuns des légions romaines ? en quoi les paſſoient-ils ? ſi ce n'eſt peut-être dans l'amour invariable de la diſcipline militaire. Les anciens romains éclipſèrent il eſt vrai toutes les autres nations de l'Europe, quand la grece fut amolie & déſunie, & quand les autres peuples étoient encore des barbares deſtitués de bonnes loix, ſçahant combattre, & ne ſçachant pas faire la guerre, incapables de ſe réunir à propos contre l'ennemi commun, privés du commerce, privés de tous les arts, & de toutes les reſſources. Aucun peuple n'égale encor les anciens romains. Mais l'Europe entière vaut aujourdhui beaucoup mieux que ce peuple vainqueur & légiſlateur ; ſoit que l'on conſidére tant de connaiſſances perfectionnées, tant de nouvelles inventions ; ce commerce immenſe & habille qui embraſſe les deux mondes, tant de Villes opulentes, élevées dans des lieux qui n'étoient que des déſerts ſous les conſuls & ſous les Céſars ; ſoit qu'on jette les yeux ſur ces armées nombreuſes & diſciplinées qui défendent vingt Royaumes policés ; ſoit qu'on perce cette politique toûjours profonde, toûjours agiſſante, qui tient la balance entre tant de nations. Enfin la jalouſie même qui regne entre les peuples modernes, qui excite leur génie, & qui anime leurs travaux, ſert encore à élever l'Europe au deſſus de ce qu'elle admiroit ſtérilement dans l'ancienne Rome, ſans avoir ni la force ni même le déſir de l'imiter.

Mais de tant de nations en eſt-il une qui puiſſe ſe vanter de renfermer dans ſon ſein un pareil nombre d'Officiers tels que les nôtres ? quelquefois ailleurs on ſert pour faire ſa fortune, & parmi nous on prodigue la ſienne, pour ſervir ; ailleurs on trafique de ſon ſang avec des Maîtres étrangers, ici on brule de donner ſa vie pour ſon Roi ; là on marche parce qu'on eſt payé, ici on vole à la mort

pour

pour être regardé de fon Maître , & l'honneur a toûjours fait de plus grandes chofes
que l'intérêt.

Souvent en parlant de tant de travaux & de
tant de belles actions , nous nous difpenfons
de la reconnaiffance en difant que l'ambition
a tout fait. C'eft la logique des ingrats. Qui
nous fert veut s'élever ; je l'avouë : oui on eft
excité en tout genre par cette noble ambition,
fans laquelle il ne feroit point de grands
hommes. Si on n'avoit pas devant les yeux
des objets qui redoublent l'amour du devoir ,
feroit-on bien recompenfé par ce public fi ardent quelquefois & fi précipité dans fes éloges , mais toûjours plus prompt dans fes cen-
fures , paffant de l'entoufiafme à la tiédeur ,
& de la tiédeur à l'oubli ?

Sibarites tranquilles dans le fein de nos cités floriffantes , occupés des rafinemens de la
moleffe , devenus infenfibles à tout , & au
plaifir même pour avoir tout épuifé , fatigués
de ces Spectacles journaliers , dont le moindre eût été une Fête pour nos peres , & de
ces repas continuels , plus délicats que les
Feftins des Rois ; au milieu de tant de volup-
tés , fi accumulées & fi peu fenties , de tant
d'arts , de tant de chefs-d'œuvres fi perfec-
tionnés & fi confidérés ; enivrés & affoupis
dans la fécurité & dans le dédain , nous apre-
nons la nouvelle d'une bataille ; on fe réveille
de fa douce léthargie pour demander avec
empreffement des détails dont on parle au ha-
zard , pour cenfurer le Général , pour dimi-
nuer la perte des ennemis , pour enfler la nô-
tre : cependant cinq ou fix cens Familles du

H

Royaume font dans les larmes ou dans la crainte. Elles gémiffent, retirées dans l'intérieur de leurs maifons, & redemandent au Ciel des Freres, des Epoux, des Enfans. Les paifibles habitans de Paris fe rendent le foir aux Spectacles où l'habitude les entraîne plus que le goût. Et fi dans les repas qui fuccédent aux Spectacles, on parle un moment des morts qu'on a connus, c'eft quelquefois avec indifférence, ou en rappellant leurs défauts, quand on ne devroit fe fouvenir que de leurs pertes; ou même en exerçant contre eux ce facile & malheureux talent d'une raillerie maligne, comme s'ils vivoient encore.

Mais quand nous apprenons que dans le cours de nos fuccès, un revers tel qu'en ont éprouvés dans tous les tems les plus grands Capitaines, a fufpendu le progrès de nos armes, alors tout eft défefpéré. Alors on affecte de craindre, quoiqu'on ne craigne rien en effet. Nos reproches amers perfécutent jufques dans le tombeau le Général dont les jours ont été tranchés dans une action malheureufe. Et favons-nous quels étoient fes deffeins, fes reffources ? & pouvons-nous de nos lambris dorés, dont nous ne fommes prefque jamais fortis, voir d'un coup d'œil jufte le terrain fur lequel on a combattu? Celui que vous accufez a pû fe tromper : mais il eft mort en combattant pour vous. Quoi nos livres, nos écoles, nos déclamations hiftoriques : répéteront fans ceffe le nom d'un Cinégire, qui ayant perdu les bras en faififfant une barque perfanne, l'arrêtoit encore vainement avec les dents ! Et nous bornerions à blâmer notre compatriote qui eſt mort en arrachant ainſi les paliſſades des retranchemens ennemis au combat d'Exiles , quand il ne pouvoit plus les ſaiſir de ſes mains bleſſées.

Rempliſſons-nous l'eſprit , à la bonne heure , de ces éxemples de l'antiquité , ſouvent très-peu prouvés & beaucoup éxagérés ; mais qu'il reſte au moins place dans nos eſprits pour ces exemples de vertus , heureux ou malheureux , que nous ont donnés nos concitoyens. Ce jeune Brienne , qui ayant le bras fracaſſé à ce combat d'Exiles , monte encore à l'eſcalade en diſant : *Il m'en reſte un autre pour mon Roi & pour ma patrie* , ne vaut - il pas bien un habitant de l'Atique & du Latium ? & tous ceux qui , comme lui , s'avançoient à la mort , ne pouvant la donner aux ennemis , ne doivent - ils pas nous être plus chers que les anciens guerriers d'une terre étrangère ? n'ont-ils pas même mérité cent fois plus de gloire en mourant ſous des boulevards inaceſſibles , que n'en ont acquis leurs ennemis, qui en ſe défendant contr'eux avec ſûrêté , les immoloient ſans danger & ſans peine.

Que dirai-je de ceux qui ſont morts à la journée de Dettingue , journée ſi bien préparée & ſi mal conduite , & dans laquelle il ne manqua au Général que d'être obéi pour mettre fin à la guerre ? parmi ceux dont l'hiſtoire célébrera la valeur inutile & la mort malheureuſe , oubliera-t'on un jeune Bouflers , un enfant de dix ans , qui dans cette bataille a une jambe caſſée , qui la fait couper ſans ſe plaindre , & qui meurt de même ; exemple d'une fermeté rare parmi les guerriers , & unique à cet âge ! H 2

Si nous tournons les yeux sur des actions, non pas plus hardies, mais plus fortunées : que de heros dont les exploits & les noms doivent être sans cesse dans notre bouche ? que de terrains arrosés du plus beau sang, & célebres par des triomphes ! Là s'élevoient contre nous cent boulevards qui ne sont plus; que sont devenus ces ouvrages de Fribourg, baignés de sang, écroulés sous leurs défenseurs, entourés des cadavres des assiégeans ? on voit encore les remparts de Namur & ces châteaux qui font dire au voyageur étonné, comment a t'on réduit cette forteresse qui touche aux nuës ? on voit Ostende qui jadis soutenoit des siéges de trois années, & qui s'est renduë en cinq jours à nos armes victorieuses. Chaque pleine, chaque Ville de ces contrées est un monument de notre gloire. Mais que cette gloire a couté !

O peuples heureux, donnez au moins à des compatriotes qui ont expiré, victimes de cette gloire, ou qui survivent encore à une partie d'eux - mêmes, les récompenses que leurs cendres ou leurs blessures vous demandent. Si vous les refusiez, les arbres, les campagnes de la Flandre prendroient la parole pour vous dire : c'est ici que ce modeste & intrépide Luttaux, chargé d'années & de service, déja blessé de deux coups, affaibli & perdant son sang, s'écria : *Il ne s'agit pas de conserver sa vie, il faut en rendre les restes utiles* ; & ramenant au combat des troupes dispersées, reçût le coup mortel qui le mit enfin au tombeau. C'est-là que le Colonel des Gardes Françaises en allant le premier reconnaître les ennemis, fut frappé le premier dans cette journée meurtriere, & périt en faisant des souhaits pour le Monarque & pour l'Etat. Plus loin est mort le neveu de ce célebre Archevêque de Cambrai, l'héritier des vertus de cet homme unique qui rendit la vertu si aimable.

O qu'alors les places des peres deviennent à bon droit l'héritage des enfans! qui peut sentir la moindre atteinte de l'envie, quand sur les remparts de Tournay un de ces tonnerres souterrains qui trompent la valeur & la prudence, ayant emporté les membres sanglans & dispersés du Colonel de Normandie, ce Régiment est donné le jour même à son jeune fils, & ce corps invincible ne crut point avoir changé de conducteur. Ainsi cette troupe étrangére devenuë si nationale, qui porte nom de Dillon, a vû les enfans & les freres succéder rapidement à leurs peres & à leurs freres tués dans les batailles; ainsi le brave d'Aubeterre, le seul Colonel tué au siége de Bruxelles, fut remplacé par son valeureux frere. Pourquoi faut-il que la mort nous l'enléve encore?

Le Gouvernement de la Flandre, de ce Théâtre éternel de combats, est devenu le juste partage du guerrier qui, à peine au sortir de l'enfance, avoit tant de fois en un jour exposé sa vie à la bataille de Rocou. Son pere marcha à côté de lui à la tête de son Régiment, & lui apprit à commander & à vaincre; la mort qui respecta ce pere génereux & tendre dans cette bataille, où elle fut à tout moment autour d'eux, l'attendoit dans Genes

fous une forme différente, c'eſt-là qu'il a péri
avec la douleur de ne pas verſer ſon ſang ſur
les baſtions de la Ville aſſiégée, mais avec
la conſolation de laiſſer Genes libre, & em-
portant dans la tombe le nom de ſon libéra-
teur.

De quelque côté que nous tournions nos regards, ſoit ſur cette Ville délivrée, ſoit ſur le
Pô & ſur le Teſſin, ſur la cîme des Alpes, ſur
les bords de l'Eſcaut, de la Meuſe & du Danube, nous ne verrons que des actions dignes
de l'immortalité, ou des morts qui demandent nos éternels regrets.

Il faudroit être ſtupide pour ne pas admirer, & barbare pour n'être pas attendri. Met-
tons-nous un moment à la place d'une épouſe
craintive, qui embraſſe dans ſes enfans l'i-
mage du jeune époux qu'elle aime, tandis
que ce guerrier qui avoit cherché le péril en
tant d'occaſions, & qui avoit été bleſſé tant
de fois, marche aux ennemis dans les envi-
rons de Gênes, à la tête de ſa brave troupe,
cet homme qui à l'exemple de ſa famille,
cultivoit les Lettres & les armes, dont l'eſprit égaloit la valeur, reçoit le coup funeſte
qu'il avoit tant cherché, il meurt ; à cette
nouvelle la triſte moitié de lui-même s'éva-
noüit au milieu de ſes enfans, qui ne ſentent
pas encore leur malheur. Ici une mere & une
épouſe veulent partir pour aller ſecourir en
Flandres un jeune héros dont la ſageſſe & la
vaillance prématurée lui méritoient la ten-
dreſſe du Dauphin, & ſembloient lui promet-
tre une vie glorieuſe ; elles ſe flâtent que leurs
ſoins le rendront à la vie & on leur dit : Il eſt

mort. Quel moment, quel coup funeste pour la fille d'un Empereur infortuné, idolâtre de son époux, son unique consolation, son seul espoir dans une terre étrangère, quand on lui dit : vous ne reverrez jamais l'époux pour qui seul vous aimiez la vie.

Une mere vole sans s'arrêter en Flandre, dans les transes cruelles où la jette la blessure de son jeune fils. Déja dans la bataille de Rocou elle avoit vû son corps percé & déchiré d'un de ces coups affreux qui ne laissent plus qu'une vie languissante, cette fois elle est encore trop heureuse : elle rend grace au Ciel de voir ce fils privé d'un bras lorsqu'elle trembloit de le trouver au tombeau.

Ne suivons ici ni l'ordre des tems ni celui de nos exploits & de nos pertes. Le sentiment n'a point de regles. Je me transporte à ces campagnes voisines d'Ausbourg, où le pere de ce jeune guerrier dont je parle, étoit abandonné d'un côté par les Bavarois que nous protégions, & pour qui la France avoit prodigué tant de sang & de trésors, de l'autre par les Hessois qui étoient à notre solde. Il falloit sauver les restes de notre Armée, & il sçût les dérober à la poursuite d'un ennemi que le nombre & la trahison rendoient si supérieurs. Mais dans cette manœuvre habile nous perdons ce dernier rejetton de la maison de Rupelmonde, cet Officier si instruit & si aimable qui avoit fait l'étude la plus approfondie de la guerre, & qui réünissoit l'intrépidité de l'ame, la solidité & les graces de l'esprit, la douceur & la facilité du commerce ; il laisse dans les larmes une épouse & une mere digne d'un

H 4

tel fils, il ne leur reste plus de confolation fur la terre.

Maintenant efprit dédaigneux & frivoles, qui prodiguez une plaifanterie fi infultante & fi déplacée furtout ce qui attendrit les ames nobles & fenfibles ; vous qui dans les évenemens frappans dont dépend la deftinée des Royaumes , ne cherchez à vous fignaler que par ces traits que vous appellez bons mots, & qui par là prétendez une efpêce de fupériorité dans le monde ; ofez ici exercer ce miférable talent d'une imagination faible & barbare;ou plûtôt s'il vous refte quelque humanité, mêlez vos fentimens à tant de regrets , & quelques pleurs à tant de larmes : mais êtes-vous dignes de pleurer ? Que fur-tout ceux qui ont été les compagnons de tant de dangers,& les témoins de tant de pertes, ne prennent pas dans l'oifiveté voluptueufe de nos Villes , dans la légereté du commerce , cette habitude trop commune à notre nation de répandre un air de frivolité & de dérifion fur ce qu'il y a de plus glorieux dans la vie , & de plus affreux dans la mort ; voudroient-ils s'avilir ainfi eux-mêmes , & flétrir ce qu'ils ont tant d'intérêt d'honorer ?

Que ceux qui ne s'occupent que de nos froids & ridicules romans ; que ceux qui ont le malheur de ne fe plaire qu'à ces puériles penfées plus fauffes que délicates dont nous fommes tant rebattus , dédaignent ce tribut fimple de regrets qui partent du cœur. Qu'ils fe laffent de ces peintures vraïes de nos grandeurs & de nos pertes , de ces éloges fincéres donnés à des noms, à des vertus qu'ils ignorent, je ne me lafferai point de jetter des fleurs fur les tombeaux de nos défenfeurs ; j'é-leverai encore ma faible voix ; je dirai ; Ici a été tranchée dans fa fleur la vie de ce jeune guerrier dont les freres combattent fous nos étendarts, & dont le pere a protégé les Arts à Florence fous une domination étrangére. Là fut percé d'un coup mortel le Marquis de Beauveau fon coufin, quand le digne petit-fils du grand Condé forçoit la Ville d'Ypre à fe rendre. Accablé de douleurs incroyables, entouré de nos foldats qui fe difputoient l'hon-neur de le porter ; il leur difoit d'une voix expirante : *Mes amis, allez où vous êtes né-céffaires, allez combattre & laiffez-moi mou-rir.* Qui pourra célébrer dignement fa noble franchife, fes vertus civiles, fes connaiffan-ces, fon amour des Lettres, le goût éclairé des monumens antiques enfeveli avec lui ! Ainfi périffent d'une mort violente à la fleur de leur âge, tant d'hommes dont la patrie attendoit fon avantage & fa gloire ; tandis que d'inuti-les fardeaux de la terre amufent dans nos jar-dins leur vieilleffe oifive, du plaifir de racon-ter les premiers ces nouvelles défaftreufes.

O deftin ! ô fatalité ! nos jours font comp-tés ; le moment éternellement déterminé ar-rive qui anéantit tous les projets & toutes les efpérances. Le Comte de Biffy prêt à joüir de ces honneurs tant défirés par ceux même fur qui les honneurs font accumulés, accourt de Genes devant Maëftrich, & le dernier coup tiré des remparts lui ôte la vie ; il eft la der-niere victime immolée, au moment même que le Ciel avoit prefcrit pour la ceffation de tant de meurtres. Guerre qui as rempli la France de gloire & de deüil, tu ne frappes pas seulement par tes traits rapides qui portent en un moment la deſtruction ! Que de cito- yens, que de parens & d'amis nous ont été ravis par une mort lente que les fatigues des marches, l'intempérie des ſaiſons traînent après elles !

Tu n'es plus, ô douce eſpérance du reſte de mes jours ! ô ami tendre élevé dans cet invincible Régiment du Roi toûjours conduit par des Héros ! qui s'eſt tant ſignalé dans les tranchées de Prague, dans la Bataille de Fontenoy, dans celle de Lawfelt où il a dé- cidé la victoire. La retraite de Prague pen- dant trente lieuës de glaces, jetta dans ton ſein les ſemences de la mort que mes triſtes yeux ont vû depuis ſe développer; familia- riſé avec le trépas, tu le ſentis approcher avec cette indifférence que les Philoſophes s'efforçoient jadis ou d'acquérir ou de mon- trer; accablé de ſouffrances au-dedans & au- dehors, privé de la vûë, perdant chaque jour une partie de toi-même, ce n'étoit que par un excès de vertu que tu n'étois point malheureux, & cette vertu ne te coûtoit point d'effort. Je t'ai vû toûjours le plus infortuné des hommes & le plus tranquille. On ignore- roit ce qu'on a perdu en toi, ſi le cœur d'un homme éloquent n'avoit fait l'éloge du tien dans un ouvrage conſacré à l'amitié, & em- belli par les charmes de la plus touchante pöé- ſie. Je n'étois point ſurpris que dans le tumul- te des armes, tu cultivaſſes les lettres & la ſageſſe: ces exemples ne ſont pas rares parmi

nous. Si ceux qui n'ont que de l'oftentation ne
t'impoferent jamais, fi ceux qui dans l'amitié même ne font conduits que par la vanité,
révolterent ton cœur ; il y a des ames nobles
& fimples qui te reffemblent. Si la hauteur de
tes penfées ne pouvoit s'abbaiffer à la lecture
de ces ouvrages licentieux, délices paffageres
d'une jeuneffe égarée à qui le fujet plaît plus
que l'ouvrage, fi tu méprifois cette foule d'é-
crits que le mauvais goût enfante ; fi ceux qui
ne veulent avoir que de l'efprit te paraiffoient
fi peu de chofe, ce goût folide t'étoit commun avec ceux qui foutiennent toûjours la
raifon contre l'inondation de ce faux goût
qui femble nous entraîner à la décadence.
Mais par quel prodige avois-tu à l'âge de vingt-
cinq ans la vraïe philofophie & la vraïe éloquence, fans autre étude que le fecours de
quelques bons livres ? comment avois-tu pris
un effort fi haut dans le fiécle des petiteffes ?
& comment la fimplicité d'un enfant timide
couvroit-elle cette profondeur & cette force
de génie ? Je fentirai long-tems avec amertume le prix de ton amitié ; à peine en ai-je
goûté les charmes, non pas de cette amitié
vaine qui naît dans les vains plaifirs, qui s'en-
vole avec eux & dont on a toûjours à fe plaindre, mais de cette amitié folide & courageufe
la plus rare des vertus. C'eft ta perte qui mit
dans mon cœur ce deffein de rendre quelque
honneur aux cendres de tant de défenfeur de
l'Etat, pour élever auffi un monument à la
tienne. Mon cœur rempli de toi a cherché
cette confolation fans prévoir à quel ufage ce
difcours fera deftiné ; ni comment il fera reçu

de la malignité humaine qui à la vérité épargne d'ordinaire les morts, mais qui quelquefois auſſi inſulte à leurs cendres, quand c'eſt un prétexte de plus de déchirer les vivans.

1. Juin 1748.

Le jeune homme qu'on regrette ici avec tant de raiſon eſt M. de Vauvenargues, long-tems Capitaine au Régiment du Roi. Je ne ſçai ſi je me trompe, mais je crois qu'on trouvera dans la ſeconde édition de ſon Livre, plus de cent penſées qui caractériſent la plus belle ame, la plus profondement philoſophe, la plus dégagée de tout eſprit de parti.

Que ceux qui penſent, méditent les maximes ſuivantes:

La raiſon nous trompe plus ſouvent que la nature.

Si les paſſions font plus de fautes que le jugement, c'eſt par la même raiſon que ceux qui gouvernent font plus de fautes que les hommes privés.

✧

Les grandes penſées viennent du cœur.

(C'eſt ainſi que ſans le ſçavoir, il ſe-peignoit lui-même.)

La conſcience des mourans calomnie leur vie.

La fermeté ou la faibleſſe à la mort dépend de la derniere maladie.

(J'oſerois conſeiller qu'on lut les maximes qui ſuivent celles-ci, & qui les expliquent.)

✧

La penſée de la mort nous trompe, car elle nous fait oublier de vivre.

✧

La plus fauſſe de toutes les philoſophies eſt celle qui, ſous prétexte d'afranchir les hommes des embarras des paſſions, leur conſeille l'oiſiveté.

✧

Nous devons peut-être aux paſſions les plus grands avantages de l'eſprit.

✧

Ce qui n'offenſe pas la ſociété n'eſt pas du reſſort de la juſtice.

❖

Quiconque eſt plus ſévére que les loix eſt un tyran.

❖

On voit ce me ſemble , par ce peu de penſées que je rapporte , qu'on ne peut pas dire de lui ce qu'un des plus aimables eſprits de nos jours , a dit de ces Philoſophes de parti , de ces nouveaux Stoïciens qui en ont impoſé aux faibles :

Ils ont eu l'art de bien connaître

L'homme qu'ils ont imaginé ,

Mais ils n'ont jamais deviné

Ce qu'il eſt , ni ce qu'il doit être.

J'ignore ſi jamais aucun de ceux qui ſe ſont mêlés d'inſtruire les hommes , a rien écrit de plus ſage que ſon chapitre ſur le bien & ſur le mal moral. Je ne dis pas que tout ſoit égal dans ce livre ; mais ſi l'amitié ne me fait pas illuſion , je n'en connois guéres qui ſoit plus capable de former une ame bien née & digne d'être inſtruite. Ce qui me perſuade encore qu'il y a des choſes excellentes dans cet ouvrage , que M. de Vauvenargues nous a laiſſé , c'eſt que je l'ai vû mépriſé par ceux qui n'aiment que les jolies phraſes & le faux bel eſprit.

DES MENSONGES

IMPRIME'S.

ON peut aujourdhui divifer les habitans de l'Europe en Lecteurs & en Auteurs, comme ils ont été divifés pendant fept ou huit fiécles en petits tyrans barbares, qui portoient un oifeau fur le poing, & en efclaves qui manquoient de tout.

Il y a environ deux cent cinquante ans que les hommes fe font reffouvenus petit à petit qu'ils avoient une ame ; chacun veut lire, ou pour fortifier cette ame, ou pour l'orner, ou pour fe vanter d'avoir lû. Lorfque les Hollandais s'apperçurent de ce nouveau befoin de l'efpêce humaine, ils devinrent les facteurs de nos penfées, comme ils l'étoient de nos vins & de nos fels. Et tel Libraire d'Amfterdam qui ne favoit pas lire, gagna un million, parce qu'il y avoit quelques Français qui fe mêloient d'écrire. Ces marchands s'informoient par leurs correfpondans, des denrées qui avoient le plus de cours ; & felon le befoin ils commandoient à leurs ouvriers des Hiftoires ou des Romans, mais principalement des Hiftoires, parce qu'après tout on ne laiffe pas de croire qu'il y a toûjours un peu plus de vérité dans ce qu'on appelle

Hiſtoire nouvelle , Mémoires hiſtoriques ,
Anecdotes , que dans ce qui eſt intitulé Roman. C'eſt ainſi que ſur des ordres de marchands de papier & d'encre , leurs metteurs
en œuvre compoſerent les Mémoires d'Arta-
gnan , de Pointits, de Vordac , de Rochefort,
& tant d'autres , dans leſquels on trouve au
long tout ce qu'ont penſé les Rois ou les Miniſtres quand ils étoient ſeuls , & cent mille
actions publiques dont on n'avoit jamais entendu parler. Les jeunes Barons Allemands,
les Palatins Polonais , les Dames de Stokolm
& de Copenhague liſent ces livres , & croyent y apprendre ce qui s'eſt paſſé de plus ſecret à la Cour de France.

Varillas étoit fort au-deſſus des nobles auteurs dont je parle , mais il ſe donnoit d'aſſez grandes libertés. Il dit un jour à un homme qui le voyoit embarraſſé : J'ai trois Rois
à faire parler enſemble ; ils ne ſe ſont jamais
vûs,& je ne ſçai comment m'y prendre. Quoi
donc , lui dit l'autre , eſt-ce que vous faites
une Tragédie ?

Tout le monde n'a pas le don de l'invention. On fait imprimer in-12. les Fables de
l'Hiſtoire ancienne , qui étoient ci-devant in-
folio. Je crois que l'on peut retrouver dans
plus de deux cent Auteurs les mêmes prodiges
opérés & les mêmes prédictions faites du
tems que l'Aſtrologie étoit une ſcience. On
nous redira peut-être encore que deux Juifs ,
qui ſans doute ne ſavoient que vendre de vieux
habits & rogner de vieilles eſpèces , promi-
rent l'Empire à Léon Liſaurien , & exigerent
de lui qu'il abattît les images des Chré-

tiens quand il ſeroit ſur le trône ; comme ſi un Juif ſe ſoucioit beaucoup que nous euſ-ſions ou non des images. Je ne déſeſpere pas qu'on ne réïmprime que Mahomet II. ſur-nommé le grand , le Prince le plus éclairé de ſon tems , & le rémunérateur le plus ma-gnifique des arts , mit tout à feu & à ſang dans Conſtantinople , (qu'il préſerva pour-tant du pillage) abattit toutes les Egliſes , (dont en effet il conſerva la moitié ,) fit em-paler le Patriarche , lui qui rendit à ce même Patriarche plus d'honneurs qu'il n'en avoit reçû des Empereurs Grecs : qu'il fit éventrer quatorze pages , pour ſavoir qui d'eux avoit mangé un melon , & qu'il coupa la tête à ſa maîtreſſe pour réjouir ſes Janiſſaires. Ces hiſ-toires dignes de Robert-le-Diable & de Barbe bleuë, ſont venduës tous les jours avec appro-bation & privilège.

Des eſprits plus profonds ont imaginé une autre maniere de mentir. Ils ſe ſont établis héritiers de tous les grands Miniſtres , & ſe ſont emparés de tous les teſtamens. Nous avons vû les teſtamens de Colbert & des Louvois , donnés comme des pieces auten-tiques par des politiques rafinés qui n'étoient jamais entrés ſeulement dans l'antichambre d'un bureau de la guerre ni des finances. Le teſtament du Cardinal de Richelieu fait par une main un peu moins mal habile , a eu plus de fortune , & l'impoſture a duré très-long-tems. C'eſt un plaiſir ſur-tout de voir dans des recuëils de harangues , quels éloges on a prodigués à *l'admirable* teſtament de cet *incomparable* Cardinal : on y trouvoit

toutë

toute la profondeur de fon génie ; & un im-
bécile qui l'avoit bien lû & qui en avoit même fait quelques extraits , fe croyoit capable
de gouverner le monde.

J'eus quelques foupçons dès ma jeuneffe ,
que l'ouvrage étoit d'un fauffaire qui avoit
pris le nom du Cardinal de Richelieu pour
débiter fes rêveries ; je fis demander chez tous
les héritiers de ce Miniftre , fi on avoit quelque notion que le manufcrit du teftament eût
jamais été dans leur maifon ; on répondit una-
nimement que perfonne n'en avoit eû la
moindre connaiffance avant l'impreffion. J'ai
fait depuis les mêmes perquifitions , & je n'ai
pas trouvé le moindre veftige du manufcrit ; j'ai confulté la bibliothéque du Roi ,
les dépôts des Miniftres , jamais je n'ai vû
perfonne qui ait feulement entendu dire qu'on
ait jamais vû une ligne du manufcrit du Cardinal. Tout cela fortifia mes foupçons , &
voici les préfomptions & les raifons qui me
perfuadent que le Cardinal n'a pas la plus
petite part à cet ouvrage.

1°. Le teftament ne parut que 38. ans
après la mort de fon auteur prétendu. L'é-
diteur dans fa préface ne dit point comment
le manufcrit eft tombé dans fes mains. Si le
manufcrit eût été autentique , il étoit de fon
devoir & de fon intérêt d'en donner la preuve , de le dépofer dans quelque bibliothéque
publique , de le faire voir à quelque homme en place. Il ne prend aucune de ces me-
fures , (que fans doute il ne pouvoit pren-

Une partie de ces réflexions avoit déja paru dans les papiers
publics.

dre) & cela ſeul doit lui ôter tout crédit.

2. Le ſtile eſt entierement différent de celui du Cardinal de Richelieu. On a cru y reconnaître la main de l'Abbé de Bourzeis, mais il eſt plus aiſé de dire de qui ce livre n'eſt pas, que de prouver de qui il eſt.

3. Non-ſeulement on n'a pas imité le ſtile du Cardinal de Richelieu, mais on a l'imprudence de le faire ſigner *Armand Dupleſſis,* lui qui n'a de ſa vie ſigné de cette maniere.

4. Dès le premier chapitre on voit une fauſſeté révoltante. On y ſuppoſe la paix faite, & non-ſeulement on étoit alors en guerre, mais le Cardinal de Richelieu n'avoit nulle envie de faire la paix. Une pareille abſurdité eſt une conviction manifeſte de faux.

5. Aux loüanges ridicules que le Cardinal ſe donne à lui-même dans ce premier chapitre & qu'un homme de bon ſens ne ſe donne jamais, on ajoûte une condamnation encore plus indécente de ceux qui étoient dans le conſeil quand le Cardinal y entra. On y appelle le Duc de Mantoüe, *ce pauvre Prince.* Quand on y mentionne les intrigues que trama la Reine mere pour perdre le Cardinal, on dit la *Reine* tout court, comme s'il s'agiſſoit de la Reine-épouſe du Roi. On y nomme la Marquiſe du Fargis, femme de l'Ambaſſadeur en Eſpagne, & favorite de la Reine mere, *la Fargis,* comme ſi le Cardinal de Richelieu eût parlé de Marion de Lorme; il n'appartient qu'à quelques pédans groſſiers qui ont écrit des hiſtoires de Loüis XIV. de dire la Monteſpan, la Maintenon, la Fontange, la Porſtmouth. Un homme de

qualité & aufli poli que le Cardinal de Richelieu n'eût pas affûrement tombé dans de
telles indécences. Je ne prétends pas donner
à cette probabilité plus de poids qu'elle n'en
a, je ne la regarde pas comme une raifon
décifive, mais comme une conjecture affez
forte.

6. Voici une preuve qui me paraît entierement convaincante. Le teftament dit au
chapitre premier, que les cinq dernieres années de la guerre ont coûté chacune *foixante*
millions de livres de ce tems là, fans moyens extraordinaires, & dans le chapitre neuf
il dit, qu'il entre dans l'épargne *trente-cinq*
millions tous les ans. Que peut-on oppofer à
une contradiction fi formelle ? n'y découvre-
t'on pas évidemment un fauffaire qui écrit à
la hâte, & qui oublie au neuviéme chapitre
ce qu'il a dit dans le premier.

7. Quel eft l'homme de bon fens qui pourra penfer qu'un Miniftre propofe au Roi de
réduire les dépenfes fecrettes de ce qu'on appelle *comptant* à un million d'or ? Que veut
dire ce mot vague un million d'or ? ces ex-
preffions font bonnes pour un homme qui
compile l'hiftoire ancienne fans entendre ce
que valent les efpêces : eft-ce un million de
livres d'or, de marcs d'or, de louis d'or ?
dans ce dernier cas, qui eft le plus favora-
ble, le million d'or comptant auroit monté
à vingt-deux millions de nos livres numérai-
res d'aujourdhui ; & c'étoit une plaifante ré-
duction qu'une dépenfe qui auroit monté alors
à près du tiers du revenu de l'Etat.

D'ailleurs eft-il croyable qu'un Miniftre in-

fifte fur l'abolition de ce comptant ? c'étoit
une dépenfe fecrette dont le Miniftre étoit
le maître abfolu. C'étoit le plus cher privilège de fa place.

L'affaire des comptans ne fit du bruit que
du tems de la difgrace du célébre Fouquet
qui avoit abufé de ce droit du Miniftère.
Qui ne voit que le teftament prétendu du
Cardinal de Richelieu n'a été forgé qu'après
l'avanture de Monfieur Fouquet ?

8. Eft-il encore d'un Miniftre d'appeller
les rentes conftituées au denier vingt *les
rentes au denier cinq* ? Il n'y a pas de clerc
de Notaire qui tombât dans cette méprife
abfurde. Une rente au denier cinq produiroit la cinquiéme partie du Capital. Un fond
de cent mille francs produiroit vingt mille
francs d'intérêt, il n'y a jamais eu de rentes
à ce prix. Les rentes au denier vingt produi-
fent cinq pour cent, mais ce n'eft pas là le
denier cinq. Il eft clair que le teftament eft
l'ouvrage d'un homme qui n'avoit pas de
rentes fur la Ville.

9. Il parait évident que tout le chapitre
neuf, où il eft queftion de la finance, eft
d'un faifeur de projets, qui dans l'oifiveté
de fon cabinet, boulverfe paifiblement tout
le fiftême du gouvernement, fupprime les
gabelles, fait payer la taille au Parlement,
rembourfe les charges fans avoir dequoi les
rembourfer. Il eft affûrement bien étrange
qu'on ait ofé mettre ces chimeres fous le nom
d'un grand Miniftre, & que le public y ait
été trompé. Mais où font les hommes qui lifent avec attention ? je n'ai guéres vû per-

sonne lire avec un profond examen autre chose que les mémoires de ses propres affaires.
Delà vient que l'erreur domine dans tout
l'univers. Si l'on mettoit autant d'attention
dans la lecture, qu'un bon économe en apporte à voir les comptes de son maître d'hô-
tel, de combien de sottises ne seroit-on pas
détrompé ?

10. Est-il vraisemblable qu'un homme
d'Etat qui se propose un ouvrage aussi solide,
dise *que le Roi d'Espagne en secourant les
Huguenots, avoit rendu les Indes tributaires
de l'enfer ; que les gens de palais mesurent
la couronne du Roi par sa forme qui étant
ronde n'a point de fin : que les élemens n'ont
de pésanteur, que lorsqu'ils sont en leur lieu ;
que le feu, l'air ni l'eau ne peuvent soutenir
un corps terrestre, parce qu'il est pesant hors
de son lieu ;* & cent autres absurdités pareilles, dignes d'un professeur de rhétorique de
Province dans le seiziéme siécle, ou d'un ré-
pétiteur Irlandais qui dispute sur les bancs.

11. Se persuadera-t'on que le premier Ministre d'un Roi de France ait fait un chapitre
tout entier pour engager son maître à se priver du droit de Regale dans la moitié des
Evêchés de son Royaume. Droits dont les
Rois ont été si jaloux ?

12. Seroit-il possible que dans un testament politique adressé à un Prince âgé de
quarante ans passés, un Ministre tel que le
Cardinal de Richelieu eût dit tant d'absurdités quand il entre dans les détails, & n'eût
en géneral annoncé que des vérités triviales,
faites pour un enfant qu'on éleve, & non

pour un Roi qui régnoit depuis trente années. Il assure *que les Rois ont besoin de con-*
seils : qu'un Conseiller d'un Roi doit avoir
de la capacité & de la probité : qu'il faut
suivre la raison, établir le régne de Dieu ;
que les intérêts publics doivent être préférés
aux particuliers : que les flâteurs font dan-
gereux ; que l'or & l'argent font nécessaires.
Voilà de grandes maximes d'Etat à enseigner
à un Roi de quarante ans ! Voilà des vérités
d'une finesse & d'une profondeur dignes du
Cardinal de Richelieu.

13. Qui croiroit enfin que le Cardinal de
Richelieu ait recommandé à Loüis XIII. la
pureté & la chasteté par son testament politique ? lui qui avoit eu publiquement tant de
maîtresses, & qui, si l'on en croit les mémoires du Cardinal de Rets & de tous les cour-
tisans de ce tems-là, avoit porté la témérité
de ses désirs jusqu'à des objets qui devoient
l'effrayer & le perdre.

Qu'on pese toutes ces raisons, & qu'après
on attribuë ce livre, si on l'ose, au Cardinal
de Richelieu.

On n'a pas été moins trompé au testament
de Charles IV. Duc de Lorraine, on a crû y
reconnaître l'esprit de ce Prince, mais ceux
qui étoient au fait y reconnurent l'esprit de
M. de Chevremont qui le composa.

Après ces faiseurs de testamens viennent les
auteurs d'anecdotes. Nous avons une petite
histoire imprimée en 1700. de la façon d'une
Mademoiselle Durand, personne fort instrui-
te, qui porte pour titre : Histoire des amours
de Gregoire... du Cardinal de Richelieu,

dé la Princeffe de Condé , & de la Marquife Durfé. J'ai lû , il y a quelques années , les amours du Révérend Pere de la Chaife , Confeffeur de Loüis XIV.

Une très-honorable Dame réfugiée à la Haye , compofa au commencement de ce fiécle fix gros volumes de Lettres d'une Dame de qualité de Province , & d'une Dame de qualité de Paris , qui fe mandoient familierement les nouvelles du tems. Or , dans ces nouvelles du tems , je peux affurer qu'il n'y en a pas une de véritable. Toutes les prétenduës avantures du Chevalier de Boüillon , connu depuis fous le nom de Prince d'Auvergne , y font rapportées avec toutes leurs circonftances. J'eus la curiofité de demander un jour à M. le Chevalier de Boüillon , s'il y avoit quelque fondement dans ce que Madame Dunoyer avoit écrit fur fon compte. Il me jura que tout étoit tiffu de fauffetés. Cette Dame avoit ramaffé les fottifes du peuple , & dans les païs étrangers elles paffoient pour l'hiftoire de la Cour.

Quelquefois les Auteurs de pareils ouvrages font plus de mal qu'ils ne penfent. Il y a quelques années qu'un homme de ma connaiffance ne fachant que faire , imprima un petit livre dans lequel il difoit qu'une perfonne célébre avoit péri par le plus horrible des affaffinats : j'avois été témoin du contraire ; je repréfentai à l'Auteur combien les loix divines & humaines l'obligeoient de fe retracter ; il me le promit : mais l'effet de fon livre dure encore , & j'ai vû cette calomnie répétée dans de prétenduës hiftoires du fiécle.

I 4

Il vient de paraître un ouvrage politique à
Londres, la Ville de l'Univers où l'on débite
les plus mauvaiſes nouvelles, & les plus mauvais raiſonnemens ſur les nouvelles les plus
fauſſes. *Tout le monde ſçait,* dit l'Auteur,
(pag. 17.) *que l'Empereur Charles VI. eſt
mort empoiſonné dans de l'aqua tuffana; on
ſçait que c'eſt un Eſpagnol qui étoit ſon page
favori, & auquel il a fait un legs par ſon
teſtament, qui lui donna le poiſon. Les Ma-
giſtrats de Milan qui ont reçû les dépoſi-
tions de ce Page quelque tems avant ſa mort,
& qui les ont envoyées à Vienne, peuvent
nous apprendre quels ont été ſes inſtigateurs
& ſes complices, & je ſouhaite que la Cour
de Vienne nous inſtruiſe bien-tôt des circonſ-
tances de cet horrible crime.*

Je crois que la Cour de Vienne fera attendre long-tems les inſtructions qu'on lui demande ſur cette chimere. Ces calomnies toûjours renouvellées me font ſouvenir de ces
Vers.

Les oiſifs Courtiſans que leurs chagrins dévorent,
S'efforcent d'obſcurcir les aſtres qu'ils adorent;
Si l'on croit de leurs yeux le regard pénétrant,
Tout Miniſtre eſt un traître & tout Prince un tyran;
L'hymen n'eſt entouré que de feux adulteres;
Le frere à ſes rivaux eſt vendu par ſes freres;
Et ſitôt qu'un grand Roi penche vers ſon déclin,
Ou ſon fils ou ſa femme ont hâté ſon deſtin . . . .
Qui croit toûjours le crime en paraît trop capable.

Voilà comment ſont écrites les hiſtoires
prétenduës du ſiécle.

La guerre de 1702. & celle de 1741., ont

produit autant de menfonges dans les livres,
qu'elles ont fait périr de foldats dans les campagnes ; on a redit cent fois, & on redit encore, que le Miniftère de Verfailles avoit fa-
briqué le teftament de Charles II. Roi d'Ef-
pagne. Des anecdotes nous apprennent que
le dernier Maréchal de la Feuilade manqua
exprès Turin, & perdit fa réputation, fa fortune & fon armée par un grand trait de cour-
tifan ; d'autres nous certifient qu'un Miniftre
fit perdre une Bataille par politique. On vient
de réimprimer dans les Tranfactions de l'Europe, qu'à la Bataille de Fontenoi nous char-
gions nos canons avec de gros morceaux de
verre & des métaux venimeux : que le Général Cambel ayant été tué d'une de ces volées
empoifonnées, le Duc de Cumberland envoya au Roi de France, dans un coffre, le
verre & les métaux qu'on avoit trouvés dans
fa playe ; qu'il mit dans ce coffre une lettre
dans laquelle il difoit au Roi, *que les na-*
tions les plus barbares ne s'étoient jamais
fervies de pareilles armes, & que le Roi frémit à la lecture de cette lettre. Il n'y a ni
ombre de vérité ni de vraifemblance à tout
cela. On ajoûte à ces abfurdes menfonges,
que nous avons maffacré de fang froid les
Anglais bleffés qui refterent fur le champ de
bataille, tandis qu'il eft prouvé par les re-
giftres de nos hôpitaux, que nous eûmes foin
d'eux comme de nos propres foldats. Ces in-
dignes impoftures prennent crédit dans plufieurs Provinces de l'Europe, & fervent d'a-
liment à la haine des Nations.

Combien de mémoires fecrets, d'hiftoires

de campagnes, de journaux de toutes les fa-
çons, dont les préfaces annoncent l'impartia-
lité la plus équitable, & les connoiſſances
les plus parfaites ? On diroit que ces ouvrages ſont faits par des Plénipotentiaires à qui
les Miniſtres de tous les Etats & les Généraux de toutes les Armées, ont remis leurs
mémoires. Entrez chez un de ces grands Plénipotentiaires, vous trouverez un pauvre
ſcribe en robe de chambre & en bonet de
nuit, ſans meubles & ſans feu, qui compile
& qui altere des gazettes.

Quelquefois ces Meſſieurs prennent une
Puiſſance ſous leur protection ; on ſçait le
conte qu'on a fait d'un de ces Ecrivains qui à
la fin d'une guerre demanda une récompenſe
à l'Empereur Leopold, pour lui avoir entretenu ſur le Rhin une Armée complette de cinquante mille hommes pendant cinq ans. Ils
déclarent auſſi la guerre & font des actes
d'hoſtilité, mais ils riſquent d'être traités en
ennemis. Un d'eux nommé Dubourg, qui te-
noit ſon bureau dans Francfort, y fut mal-
heureuſement arrêté par un Officier de notre
Armée en 1748. & conduit au Mont S. Michel, où il eſt mort dans une cage. Mais cet
exemple n'a point refroidi le magnanime courage de ſes confreres.

Une des plus nobles ſupercheries & des
plus ordinaires, eſt celle des Ecrivains qui ſe
transforment en Miniſtres d'Etat & en Seigneurs
de la Cour du païs dont ils parlent. On nous
a donné une groſſe hiſtoire de Loüis XIV.
écrite ſur les mémoires d'un Miniſtre d'Etat.
Ce Miniſtre étoit un Jeſuite chaſſé de ſon Or-

dre, qui s'étoit refugié en Hollande fous le nom de la Hode, qui s'eft fait enfuite Secretaire d'Etat de France en Hollande pour avoir du pain.

Comme il faut toûjours imiter les bons modéles, & que le Chancelier Clarendon & le Cardinal de Rets ont fait des portraits des principaux perfonnages avec lefquels ils avoient traité, on ne doit pas s'étonner que les Ecrivains d'aujourdhui, quand ils fe mettent aux gages d'un Libraire, commencent par donner tout au long des portraits fidéles des Princes de l'Europe, des Miniftres & des Généraux dont ils n'ont jamais vû paffer la livrée. Un Auteur Anglais dans les Annales de l'Europe, imprimées & réimprimées, nous affure que Loüis XV. *n'a pas cet air de grandeur qui annonce un Roi.* Cet homme affurément eft difficile en phifionomies. Mais en récompenfe il dit que le Cardinal de Fleuri avoit l'air d'une noble confiance. Et il eft auffi exact fur les caractères & fur les faits, que fur les figures : il inftruit l'Europe que le Cardinal de Fleuri donna fon titre de premier Miniftre (qu'il n'a jamais eû) à M. le Comte de Touloufe. Il nous apprend que l'on n'envoya l'Armée du Maréchal de Maillebois en Bohème, que parce qu'une *Demoifelle* de la Cour avoit laiffé une lettre fur fa table, & que cette lettre fit connaître la fituation des affaires ; il dit que le Comte d'Argenfon fucceda dans le miniftère de la guerre à M. Amelot. Je crois que fi on vouloit raffembler tous les livres écrits dans ce goût, pour fe mettre un peu au fait des anecdotes de l'Europe, on feroit une bibliothéque immense, dans laquelle il n'y auroit pas dix pages de vérité.

Une autre partie considérable du commerce du papier imprimé, est celle des livres qu'on a appellés Polémiques par excellence ; c'està-dire, de ceux dans lesquels on dit des injures à son prochain pour gagner de l'argent. Je ne parle pas des factums des Avocats qui ont le noble droit de décrier tant qu'ils peuvent la partie adverse, & de diffamer loyallement des familles ; je parle de ceux qui en Angleterre, par exemple, excités par un amour ardent de la patrie, écrivent contre le Ministère des Philippiques de Demostenes dans leurs greniers. Ces piéces se vendent deux sols la feüille, on en tire quelquefois quatre mille exemplaires, & cela fait toûjours vivre un citoyen éloquent un mois ou deux. J'ai oüi conter à M. le Chevalier Walpole, qu'un jour un de ces Demostenes à deux sols par feüille, n'ayant point encore pris de parti dans les différends du Parlement, vint lui offrir sa plume pour écraser tous ses ennemis ; le Ministre le remercia poliment de son zéle, & n'accepta point ses services. Vous trouverez donc bon, lui dit l'Ecrivain, que j'aille offrir mon secours à votre antagoniste M. Pultney. Il y alla aussi-tôt, & fut éconduit de même. Alors il se déclara contre l'un & l'autre ; il écrivoit le Lundi contre M. Walpole, & le Mercredi contre M. Pultney. Mais après avoir subsisté honorablement les premieres semaines, il finit par demander l'aumône à leurs portes.

Le célébre Pope fut traité de son tems

comme un Miniftre ; fa réputation fit juger
à beaucoup de gens de lettres , qu'il y auroit
quelque chofe à gagner avec lui. On imprima à fon fujet pour l'honneur de la littérature & pour avancer les progrès de l'efprit
humain , plus de cent libelles dans lefquels
on lui prouvoit qu'il étoit athée ; & ce qui
eft plus fort , en Angleterre on lui reprocha
d'être Catholique. On affura quand il donna
fa traduction d'Homere qu'il n'entendoit point
le grec, parce qu'il étoit puant & boffu , il eft
vrai qu'il étoit boffu , mais cela n'empêchoit
pas qu'il ne fçût très-bien le grec , & que fa
traduction d'Homere ne fût fort bonne. On ca-
lomnia fes mœurs, fon éducation, fa naiffance;
on s'attaqua à fon pere & à fa mere. Ces libelles n'avoient point de fin. Pope eut quelquefois la faibleffe de répondre , cela groffit la
nuée des libelles. Enfin il prit le parti de faire
imprimer lui-même un petit abregé de toutes
ces belles piéces. Ce fut un coup mortel pour
les Ecrivains qui jufques-là avoient vécu affez
honnêtement des injures qu'ils lui difoient ;
on ceffa de les lire , & on s'en tint à l'abré-
gé , ils ne s'en relevèrent pas.

J'ai été tenté d'avoir beaucoup de vanité
quand j'ai vû que nos grands Ecrivains en
ufoient avec moi comme on en avoit agi avec
Pope. Je peux dire que j'ai valu des hono-
raires affez paffables à plus d'un Auteur. J'a-
vois, je ne fçai comment , rendu à l'illuftre
Abbé Desfontaines un léger fervice. Mais
comme ce fervice ne lui donnoit pas dequoi
vivre, il fe mit d'abord un peu à fon aife , au
fortir de la maifon dont je l'avois tiré , par

une douzaine de libelles contre moi, qu'il ne
fit à la vérité que pour l'honneur des Lettres
& par un excès de zéle pour le bon goût. Il
fit imprimer la Henriade, dans laquelle il in-
féra des vers de fa façon, & enfuite il critiqua
ces mêmes vers qu'il avoit faits. J'ai foigneu-
fement confervé une Lettre que m'écrivit un
jour un Auteur de cette trempe. *Monfieur, j'ai*
fait imprimer un Libelle contre vous , il y en
a quatre cens exemplaires ; fi vous voulez
m'envoyer 400. livres je vous remettrai tous
les exemplaires fidélement. Je lui mandai que
je me donnérois bien de garde d'abufer de fa
bonté, que ce feroit un marché trop défavan-
tageux pour lui , & que le débit de fon Livre
lui vaudroit beaucoup davantage; je n'eus
pas lieu de me repentir de ma générofité.

Il eft bon d'en courager les gens de lettres
inconnus, qui ne favent où donner de la tête.
Une des plus charitables actions qu'on puiffe
faire en leur faveur , eft de donner une Tragédie au public. Tout auffi-tôt vous voyez é-
clore des Lettres à des Dames de qualité; Critique impartiale de la piéce nouvelle ; Lettre
d'un ami à un ami ; Examen réfléchi ; Examen par fcènes : & tout cela ne laiffe pas de
fe vendre.

Mais le plus fur fecret pour un honnête Libraire c'eft d'avoir foin de mettre à la fin des
ouvrages qu'il imprime , toutes les horreurs
& toutes les bétifes qu'on a imprimées contre l'Auteur. Rien n'eft plus propre à piquer
la curiofité du Lecteur & à favorifer le débit:
je me fouviens que parmi les déteftables édi-
tions qu'on a faites en Hollande de mes pré-

tendus ouvrages , un éditeur habile d'Amſ-
terdam voulant faire tomber une édition de
la Haye , s'aviſa d'ajoûter un recuëil de tout
ce qu'il avoit pû ramaſſer contre moi. Les
premiers mots de ce recuëil diſoient *que j'é-
tois un chien rogneux.* Je trouvai ce livre à
Magdebourg entre les mains du maître de la
poſte , qui ne ceſſoit de me dire combien il
trouvoit ce petit morceau éloquent.

En dernier lieu , deux Libraires d'Amſter-
dam pleins de probité , après avoir défiguré
tant qu'ils avoient pû la Henriade & mes
autres pieces , me firent l'honneur de m'é-
crire que ſi je permettois qu'on fit à Dreſde
une meilleure édition de mes ouvrages qu'on
avoit entrepriſe alors , ils ſeroient obligés en
conſcience d'imprimer contre moi un volu-
me d'injures atroces , avec le plus beau papier , la plus grande marge & le meilleur
caractère qu'ils pourroient. Ils m'ont tenu
fidélement parole. Ils ont eû même l'attention d'envoyer leur beau recuëil à un des plus
reſpectables Monarques de l'Europe , à la
Cour duquel j'avois alors l'honneur d'être.
Le Prince a jetté leur livre au feu , en diſant qu'il falloit traiter ainſi Meſſieurs les
éditeurs. Il eſt vrai qu'en France ces honnê-
tes gens ſeroient envoyés aux galeres. Mais
ce ſeroit trop gêner le commerce qu'il faut
toûjours favoriſer.

F I N.

www.ingramcontent.com/pod-product-compliance
Lightning Source LLC
Chambersburg PA
CBHW051719090426
42738CB00010B/1986